看一眼就记得住的数学趣谈

袁红瑞 著

时代文艺出版社
SHIDAI WENYI CHUBANSHE

图书在版编目（CIP）数据

看一眼就记得住的数学趣谈 / 袁红瑞著. -- 长春：
时代文艺出版社, 2025. 3. -- ISBN 978-7-5387-7569-3

Ⅰ. G634.603

中国国家版本馆CIP数据核字第20247L8A33号

看一眼就记得住的数学趣谈
KAN YI YAN JIU JIDEZHU DE SHUXUE QUTAN

袁红瑞　著

出 品 人：吴　刚
产品总监：郝秋月
责任编辑：徐　薇
特约编辑：王　彦
装帧设计：丫丫书装·张亚群
排版制作：东方巨名

出版发行：时代文艺出版社
地　　址：长春市福祉大路5788号　龙腾国际大厦A座15层（130118）
电　　话：0431-81629751（总编办）　0431-81629758（发行部）
官方微博：weibo.com/tlapress
开　　本：710mm×1000mm　1/16
印　　张：19
字　　数：260千字
印　　刷：运河（唐山）印务有限公司
版　　次：2025年3月第1版
印　　次：2025年3月第1次印刷
书　　号：ISBN 978-7-5387-7569-3
定　　价：49.80元

图书如有印装错误　请与印厂联系调换　（电话：13701275261）

前言

原来数学可以这样学

你买菜用函数吗？逛街和方程组有关系吗？为什么要学习晦涩难懂且看似不实用的数学知识？想必大多数人都对此困惑不已。

其实数学不只是一种很好的工具，它更是一种思维方式和生活态度。在我们的现实生活中，数学的影子无处不在，从日常的购物消费、财务管理，到科学的工程设计、医学影像，再到高科技的人工智能、数据科学等领域，数学都发挥着至关重要的作用。

对于学生而言，学习数学不仅是为了掌握公式和定理等基础数学知识，更重要的是培养一种独特的思维方式。数学思维方式强调逻辑性和严谨性，能够帮助我们更好地分析问题、解决问题。通过数学训练，我们可以学会将复杂问题分解为简单子问题，逐一解决，然后再综合得出结果。这种思维方式对于我们的日常生活和学业发展都具有重要意义。

可能有的同学会觉得数学这门学科枯燥乏味，每天面对着草稿纸不停地计算着似乎和"实用"不着边的数学题。其实，想要学好数学，更重要的是从生活实例中走近数学，了解数学并发现数学的独特魅力，这样就会发现数学的趣味性，从而调动学习的积极性。

学会在日常生活中应用数学思维方式，实际上就是将在数学中培养的逻辑性、精确性和系统性应用到非数学的环境中。以下是一些具体的方法和建议：

1. 制订预算和计划：使用数学思维方式来制订个人或家庭的预算。通过计算收入和支出，分析哪些是必要的开支，哪些是可以节省的。这可以帮助你更好地理财，避免浪费。

2. 时间管理：将时间看作一种资源，并用数学的方式来分配它。使用时间表或待办事项列表来规划你的日常活动，确定优先级，以提高时间的使用效率。

3. 逻辑推理：在日常生活中，我们经常需要解决逻辑问题。例如，在判断信息的真实性时，可以用数学逻辑来分析问题和提出解决方案。

4. 空间组织：运用几何和空间感知的概念来组织和整理家里

的物品。这包括合理的存储方法和布局设计，以提高空间的利用率。

学习数学对于个人及社会整体发展具有重大意义。通过培养数学思维方式、应用专业知识、提升推理能力、拓展创新能力来促进个人成长，完善职业规划，我们可以更好地应对生活中的挑战，为社会发展做出贡献。同时，数学作为人类文明的基石，其社会影响和文化价值也不容忽视。因此，我们应该重视对数学的学习和应用，不断提高自己的数学素养，为个人的未来发展和社会进步打下坚实基础。

本书以系统的数学知识为主线，选取有代表性的知识点来展开探索，通过设置"看一眼就记得住"系列知识点，来传授知识、开阔视野、引发兴趣，深入浅出，把数学和生活紧密结合起来，引导读者进入数学的奇妙世界。

目录

第三章　线与角——从点、线、面开始认识图形

第四章　概念与证明——三角形家族的运算法则

第五章　最佳搭档——圆和它的特殊好友们

第六章　多边形家族

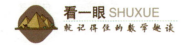

第一章

数的族谱——这些分有理和无理的数

1

正数和负数是敌还是友？

日常生活中买东西，我们一般都不会把"正"字挂在数字前，譬如跟老板说"给我拿'正5斤的土豆'"。找零钱的时候，老板也通常不会把"负"字挂在数字之前，譬如说"找给你'负3元'零钱"。

没有学习正数和负数的概念之前，我们的数字认知一般从0开始，一个接着一个，越往后的数字越大。我们把这些从0开始的非负整数称为自然数，自然数也是我们生活中最常见的数。其实正数和负数就在我们身边，那为什么一定要分出正负数呢？下面我们就先来认识一下正数和负数的概念及用途。

看一眼必须收藏的知识点

什么是正数和负数？

刚才我们提到，从0开始的非负整数是自然数，需要注意0也是自然数。我们把大于0的数统称为正数，把小于0的数统称为负数。正数、负数和0的关系就好比白色、黑色和灰色的关系。0处于正数和负数之间，既不属于正数也不是负数，它有自己的独立意义。因此要牢记：0既不是正数也不是负数。

图1-1

自然数强调的是从0开始的整数，所以分数不是自然数。从正数和负数的概念来看，分数可以分为正分数和负分数。

正数的符号是"+"，读作"正号"。正数的表示方法是对于任何一个正数都可以在它前面添加正号"+"。一般正数的"+"可以省略不写，例如+7和7是指同一个数。正数的读数正常念8，9，22等即可，不用刻意读作"正8，正9，正22"。

负数的符号是"−"，读作"负号"。负数的表示方法是对于任何一个正数，在它前面添加负号"−"。这里要特别注意，负数的"−"是不能省略的。例如"−4"如果省略"−"，变成"4"，看起来和正数没什么两样。因此，为了区分正负数，负数的"−"一定不能忘记写。

常见的正数很好记忆，就是大于0的数，例如3，5，0.8，1.9，$\frac{1}{3}$等数字。负数则是正数前面添加负号，例如−6，−1，−0.33，$-\frac{1}{3}$等小于0的数字。

懒惰的反义词是勤快，它们表示相反的意义。同理，正数和负数在实际问题中的作用是表示具有相反意义的量。0是正数和负数的分界线，因此可以记为：正数>0>负数。

生活中常见的正数和负数

我们日常生活中遇到的"0"并不单单表示"没有"的意义。例如，0℃代表一个可以确定的温度数值，不是没有温度，而是指一个特定的温度；海拔0是表示海平面的平均高度，珠穆朗玛峰海拔是8848.86米，也就是高于海平面8848.86米；0还能用来观天测地，表示某种物体平衡与动静状态。总之，0并不是指"没有"，不论是在学习还是生活中，0都具有丰富的表达内容。

图1.1-2

生活中的正数和负数一般运用在哪些方面？从经济的收支方面看，买东西花去60元，表示支出60元，记作"-60元"；反过来赚到80元，意思就是收入80元，应该记作"+80元"。看球赛的时候会发现，裁判员把获胜2局记作"+2"，如果记作"-3"，就意味着输掉了3局比赛。再比如，时钟里的指针，顺时针旋转5圈就记作"+5"，逆时针旋转2圈就记作"-2"。

以上都是比较容易理解的正数和负数的运用实例。接下来我们加深一下难度，一袋糖果的质量标记为"30±0.25"，以下哪个选项的糖果是合格产品（　　）。

A.29.40　　　　B.30.80　　　　C.30.56　　　　D.29.90

答案是D。你选对了吗？题目中"30±0.25"意思是一袋糖果的合格质量为30，而±0.25表示可以存在的误差值，超出或者达不到这个误差值都会被视为不合格产品。了解了这些，再来看选项的时候是不是就更容易得出答案了？

学习相反意义的量时，需要注意三个方面。第一方面，相反意义的量不仅要数量相反，还要意义相反。第二方面，尤其注意，相反意义的量是成对出现的，单独一个量不是相反意义的量。第三方面，两个互为相反意义的量在数量上是可以不相同的。

正数和负数看似简单，实际在数学运用中有非常重要的作用。一个数如果不是正数，也不一定是负数，还有可能是0。这些是我们继续深入学习数学这一学科的基础知识。

看一眼就懂的数学常识

表1-1 正数与负数的基本概念

基本概念	正数是指大于0的数。 负数是指小于0的数。 0既不是正数也不是负数。
书写形式	正数书写表达是"+数"，一般"+"省略不写。 负数书写表达是"-数"，注意"-"不能省略，一定要写。
应用常识	正数和负数用来表示相反意义的量。

2 原来实数是个大家长

为什么说实数是个大家长？因为实数由有理数和无理数组成，而有理数和无理数又可以划分为其他支系，综合来看，实数当然像个大家长。

在数学中我们经常会提到有理数和无理数。有人可能会问，难道是指哪些数字讲道理或哪些数字不讲道理吗？当然不是！这里的"有理"和"无理"指的是有限/无限循环小数或者无限不循环小数等现象，"理"可以理解为小数的规律。

具体来说，有理数和无理数长什么样子呢？它们的分类又是如何划分的呢？我们接着往下看。

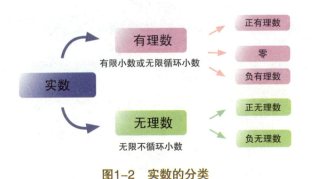

图1-2 实数的分类

你敢相信吗？最早的"有理数"概念早在大约公元前580年至公元前500年就提出来了。这个时间段对应我国历史上的春秋时期，在百家争鸣那会儿一众学者就对算术非常重视，并进行了深入研学，其中墨家取得了不少成就。

所谓"有理"并不是说有理数比其他的数"有道理"，而是从国外传进来的时候，翻译上出现了点儿偏差。怎么回事儿呢？

"有理数"一词从西方传来的，在英语中是"rational number"，而"rational"意思是"理性的"，但近代翻译西方著作的时候翻译成了"有理的"。但这个词来源于古希腊，其英文词根为"ratio"，就是比率的意思，所以这个词的意义也很明显，就是整数的"比"。

有理数就是整数和分数的统称。学过正数和负数后，有人可能会有疑问，这次0究竟是属于哪一家呢？0是整数，自然也属于有理数。从小数方面看，有理数的小数部分是有限小数或无限循环小数。

看一眼必须背会的知识点

有理数的分类

有理数的分类：

① 有理数
- 整数
  - 正整数
  - 零
  - 负整数
- 分数
  - 正分数
  - 负分数

② 有理数
- 正有理数
  - 正整数
  - 正分数
- 零
- 负有理数
  - 负整数
  - 负分数

我们常见的有理数的小数形式有两种：

第一种，有限小数。如：3.6，8.5，2.3等。

第二种，无限循环小数。如：3.3333，6.666等。

虽然实数是个大家长，但是实数和有理数还是有区别的。第一点，所属关系不同。实数包括有理数，而有理数属于实数。第二点，性质不同。有理数是整数和分数的统称，但实数更大，只要是数轴上有的点，实数都能一一对应。第三点，表达的字母不一样。一般有理数的集用Q表示，实数的集用R表示。

学完了有理数，别忘了实数还有另一种数的组合，那就是无理数。你知道数学史上第一个无理数长什么样子吗？它又是被谁发现的呢？

无理数最早的提出者是数学之父毕达哥拉斯的得意门生希伯索斯。巧合的是，公元前580年有人开始提出有理数的概念，这一年也是毕达哥拉斯的出生年。实践出真理，大约公元前500年，希伯索斯在对一个正方形对角线和另一边长进行测量计算时发现了无理数。

无理数的概念由来

什么是无理数？所有不是有理数的实数都是无理数。叫人意想不到的是，数学史上第一个无理数其实就是我们的老朋友$\sqrt{2}$。如果把$\sqrt{2}$换算成小数，得到的就是 1.41421356237…。

仔细观察不难发现，无理数的小数是无限不循环小数，看起来杂乱无章，像是随机编排上去一样。人们在日常计算中用不到那么多位数，因此，要么直接使用 $\sqrt{2}$ 计算，要么只取 1.414 来进行计算。

现在来看一道题目，动手计算一下，感受无理数的魅力。

题：假设 $a^2=2$，$a=?$

这道题目看起来很简单，很多同学会直接代入数字开方。这种想法是对的，当然也可以像下面这样通过假设来代入排除。

第一种，假设 $a=1$，那么 $1^2=1$，再设 $a=2$，但是 $2^2=4$，这个答案跟我们题目中看到的 $a^2=2$ 不符合，所以 a 不是整数。

第二种，假设 a 是分数，找最简分数 $\frac{1}{2} \times \frac{1}{2} = \frac{1}{4}$ 或 $\frac{3}{2} \times \frac{3}{2} = \frac{9}{4}$，结果是分数，也并不等于2，不符合题目要求。

问题来了，a 既不是整数也不是分数，排除有理数的可能，那就是无理数。

我们最常用的无理数有 π 或不能化简的平方根 $\sqrt{2}$，$\sqrt{5}$，$\sqrt{7}$ 等无限不循环小数形式。此外还有一种特殊的形式，虽然看起来有规律，但是也无限不循环，例如0.464664666…。

看一眼就懂的数学常识

表1-2 实数常识

名称	概念
实数	实数是有理数和无理数的统称。
有理数	（1）整数和分数的统称。 （2）有限小数或无限循环小数。 （3）凡能写成 $\dfrac{b}{a}$（a，b为整数且$a\neq0$）形式的数都是有理数。 （4）正整数、0、负整数统称整数；正分数、负分数统称分数。
无理数	无限不循环小数。例如，π、不能化简的平方根$\sqrt{2}$和立方根$\sqrt[3]{5}$、0.756775677756…。

3 平方与立方——那些年踩过的开方的坑

很多数学符号都有悠久的历史，比如我们的老朋友根号"$\sqrt{}$"就有上千年的历史。早期埃及的纸草书里都曾记录过方根，那时他们用"⌐"来表示。后来人们又发现，"$\sqrt{}$"是"·"演变来的，"·"表示开平方，"··"表示开四次方。你以为以此类推吗？其实不是。到三个点就变成开立方，四个点是开九次方了。

根号"$\sqrt{}$"最开始的样子是"√"，直到法国数学家笛卡尔把它和横线"—"结合起来才演变成我们今天看到的根号样子。

数学中不仅有平方根还有立方根，它们的作用分别是什么？

看一眼就记得住的知识点

认识算术平方根

文具店里一支笔是 3 元，如果想买 3 支笔，你一定会很快说出 9 元，计算方法就是 3×3=9。其实还有一种表达形式，就是 $3^2=9$，

所以一支笔的单价是 3 元，买 3 支就花掉了 9 元。这是一个正数的平方解决实际问题的过程。

我们再来看一个问题。假设一袋大米是 a，且 $a^2=81$，求 a 是多少？

$a^2=81$，$a=\pm 9$，即 $81=\pm 9$ 的过程就是"开平方"。其中，81 称为"被开方数"。

通常，一个正数 a 的平方等于 b，即 $a^2=b$，这里的正数 a 叫作 b 的算术平方根，而 b 的算术平方根记作"$\sqrt{b}$"，读作"根号 b"，a 叫作被开方数。

最常见的误区：$\sqrt{16}$ 的平方根是多少？

你一定会不假思索地填上"4"吧？还有的同学给出的答案是 ±4。这道题的正确答案是 ±2，先不要急着惊讶，咱们再来重新审题。

题目中求的是 $\sqrt{16}$ 的平方根，首先我们要解决 $\sqrt{16}=\pm 4$，也就是说题目真正要的是算出 ±4 的平方根，由此我们得出 $\pm\sqrt{4}=\pm 2$，这里的2也叫算术平方根。

正数的平方根有正、负两个数值。正数的算术平方根有且只有一个，并且是正数。注意：0的平方根和算术平方根都是0。负数的平方是正数，所以负数没有平方根，只有正数和0才有。

"$\sqrt{}$"只能表示算术平方根，不能表示开平方运算。因为开平方的运算需要把所有平方根算出来，所以求平方根时需要写成"$\pm\sqrt{}$"。

看一眼必须收藏的知识点

怎么认识立方和立方根？

已知一个正方体的体积是 64 米^3，设边长为 x 米，求这个正方体的棱长是多少？

我们可以把式子列为 $x^3=64$，得出 $x=4$，所以正方形的棱长是 4 米。这种根据已知的体积为 64 米^3 求棱长，得到棱长是 4 米的这个过程叫"开立方"。

一般地，如果 $x^3=a$，那么 x 是 a 的立方根，表示为 $x=\sqrt[3]{a}$，且根号左上角的"3"意思是对 a 开 3 次方，不能省略不写。"$\sqrt[3]{\ }$"这个根号叫作"三次根号"。

如果已知立方根算原数，需求立方；如果已知原数算立方根，需开方。这两种计算过程是互逆运算。

试解一道简单的方程：$(x-1)^3=64$，求 x 是多少？

解：$(x-1)^3=64$

$x-1=\sqrt[3]{64}$

$x-1=4$

$x=4+1$

$x=5$

看一眼 SHUXUE
就记得住的数学趣读

看一眼就懂的数学常识

表1-3 平方根和立方根的常识

平方	算术平方根	一般地，如果一个正数x的平方等于a，即$x^2=a$，那么正数x叫作a的算术平方根，记作"$\sqrt{a}$"。从定义可知，只有当$a\geq 0$时，a才有算术平方根。
	平方根	一般地，如果一个数x的平方根等于a，即$x^2=a$，那么数x就叫作a的平方根。
	注意	正数有两个平方根（一正一负）它们互为相反数；0的平方根和算术平方根都是它本身；负数没有平方根。
立方	立方根	一般地，如果一个数x的立方等于a，即$x^3=a$，那么这个数x叫作a的立方根或者三次方根，记作"$\sqrt[3]{a}$"。
	注意	在实数范围内，任何实数都有唯一的立方根。正数的立方根是正数；负数的立方根是负数；0的立方根是0。

014

4

绝对值和它的非负性

　　周末小明在家想吃薯片，他从家里出发去超市，走了100米发现没带钱包，又原路返回了30米去公园找妈妈帮忙。问题来了，小明一共走了多少米？

　　说答案是70米的同学，请注意再重新读一遍题目。

　　解题思路：

　　咱们前面学过正数和负数，也学习了有理数。这道题第一个数据是100米，先走了100米可以记作"+100"，后来返回30米找妈妈帮忙，第二个数据可以记作"-30"。看到这里，有的同学会很疑惑，就算算式写成100+（-30），答案还是70米，怎么就不对呢？

　　解这道题之前我们要认识一个新知识点——"绝对值"。

　　举个例子，比如以路口为原点，有两只小狗分别从路口出发，一只往东走10米，记作"+10"，一只往西走10米，记作"-10"。如果想求出两只小狗一共走了多少路程，在已知两个数据后，是不是要相加？但是+10加上-10等于0。这样的情况下，我们能不能说0米表示两只小狗没有走过路？

　　两只小狗虽然走的方向不一样，但它们走到原点路口的距离

是一样的。因此，抓住关键词"到原点的距离"就是学会绝对值的秘诀。

绝对值的概念

一个数到原点的距离就是这个数的绝对值。比如数轴上 a 点到原点 0 的距离就是 a 的绝对值，用两条竖线"| |"来表示，即 $|a|$。

我们用绝对值来表达两只小狗的路程。往东走 +10 米的绝对值记作"$|10|$"，$|10|=10$；往西走 –10 米的绝对值记作"$|-10|$"，$|-10|=10$，由此可知，正数的绝对值是正数（它本身），负数的绝对值是它的相反数。同理，a 的绝对值是 $|a|$，$-a$ 的绝对值也是 $|a|$。

0 有没有绝对值，如果有，0 的绝对值是多少？

0 作为原点，0 到原点的距离也是 0，所以 0 的绝对值还是 0，即 $|0|=0$。

回到 a 的绝对值问题，请思考一下：a 的绝对值 $|a|=$？

由于 a 是未知数，我们不知道它是正数、负数或0，并且它可以是任意的数，这种情况下就要考虑 a 的取值范围。

对任意数a,$\begin{cases} a>0, |a|=a, \\ a=0, |a|=0, \\ a<0, |a|=-a。 \end{cases}$

$|a|=-a$,其中负号表示求相反数,所以首先要判断符号,再去求数的绝对值。

比如,$|a|=7$,到原点的距离是7的情况有两种,-7或者$+7$都是,所以当$|a|=7$时,$a=7$或者$a=-7$,或者直接写成$a=\pm 7$。

但$|a|=a$时,$a=?$从刚才列出的三种情况图可知,当$a>0$或$a=0$时,$|a|=a$,$a\geq 0$的数称为非负数,所以当$a\geq 0$时,a的绝对值才是它本身。

看一眼必须收藏的知识点

绝对值的非负性

正数的绝对值是正数,负数的绝对值是它的相反数,也就是正数。看到这里有的同学可能会疑惑,为什么当$a<0$时,$|a|=-a$,这负数的绝对值不是负数吗?同学,你可能看走眼了,请认真审题。

当$a<0$时,$|a|=-a$,举个例子,$-2<0$,$|-2|=-(-2)$,即$|-2|=2$。

$|a|=-a$,这里是"-"是式子里的,一定要带着计算,而不是只看到负数就把式子里的符号忽略,这样很容易出现计算错误。

绝对值的非负性条件就是要满足$|a| \geqslant 0$。

例如，$|x|$的最小值可以取多少？按照刚才的非负性条件得出$|x| \geqslant 0$，即$|x|$的最小值可以取到0，也就是$|x| = 0$，想要满足这个条件，可以得到$x = 0$，所以$|x|$的最小值可以取到0。

绝对值的非负性，最大作用就是可以得到最小值。

小试一题：若$|\ |+|\ | = 0$，则a和b的值各是多少？

根据绝对值的非负性得出，$|a| \geqslant 0$，$|b| \geqslant 0$，由此得出，$|a| + |b| \geqslant 0$，即最小值可以取到，当$a = 0$，$b = 0$，$|a| + |b| = 0$时，所以a和b都能等于0。

再想一题：若$|a-2| + |b-3| = 0$，则a和b的值各是多少？

这里要先求出两个数的绝对值再代入公式。

由题目得出$\begin{cases} |a-2| \geqslant 0, \\ |b-3| \geqslant 0, \end{cases}$，则$\begin{cases} |a-2| = 0, \\ |b-3| = 0, \end{cases}$得$\begin{cases} a-2=0, \\ b-3=0, \end{cases}$解得$\begin{cases} a=2, \\ b=3, \end{cases}$

所以从$|a-2| + |b-3| = 0$的式子中，可解出$a=2, b=3$。

回到最开始小明的路程问题。当他走了100米又原路返回30米，一共走了多少路程？这时咱们可以用上绝对值，列式为$100 + |-30| = 130$米，所以小明一共走了130米。

为什么开始的时候很难计算？因为咱们把走向超市方式记作"+100"，原路返回记作"−30"，相加起来忽略了绝对值非负条件里的负号。再者，用100"减"也是可以的，只不过要减去–30的绝对值，也就是100–(–30)=100+30=130米。

看一眼就懂的数学常识

表1–4 绝对值常识

概念	一个数到原点的距离就是这个数的绝对值。 正数的绝对值是它本身，负数的绝对值是它的相反数，0的绝对值是0。
条件	对任意数a，$\begin{cases} a>0, & |a|=a, \\ a=0, & |a|=0, \\ a<0, & |a|=-a。 \end{cases}$
误区	根据绝对值的非负性，–5的绝对值$|{-5}|$=5。其完整的式子是这样的：$|{-5}|=-(-5)$，所以得出的答案是正数，"–"不能忽略。

5

有理数比较大小的秘诀

比较有理数的大小时，数轴是必不可少的，它可以帮助我们更直观地比较大小。从数轴上可以直观看出，0点往左边是负数，往右边是正数，很容易得出左边＜右边。

有了数轴的帮忙，加上刚学习的绝对值知识，我们要如何比较有理数的大小呢？

有理数比较大小——数据变形法

常用的方法一：数据变形法

试题：比较以下几个有理数的大小。

$$-0.3, \ 7.2, \ 6, \ \frac{9}{4}, \ \sqrt{7}, \ |-10|$$

看到这几个数字的时候，是不是有些头疼？这里面不仅有正数、负数，还有分数、根号和绝对值，众多知识点混在一起，怎么才能轻松地比较大小？

首先，我们把 $\frac{9}{4}$，$\sqrt{7}$，$|-10|$ 三个数据变形备用，可得出 $\frac{9}{4}$ =2.25，$\sqrt{7}$ =2.645…，和 $|-10|$ =10 三个数。注意，$\sqrt{7}$ 是无理数，为了方便计算，我们只取到小数点后三位。

我们重新整理题目数据：–0.3，7.2，6，2.25，2.645，10

数据变形法可以把复杂的带符号的数据化作我们常见的数，这样就很容易比较大小。

由上述可知，这道题的大小排列如下：

$-0.3 < 2.25 < 2.645 < 6 < 7.2 < 10$

对应地换上它们原来的样子比较，得到如下结果：

$-0.3 < \frac{9}{4} < \sqrt{7} < 6 < 7.2 < |-10|$

看一眼必须背会的知识点

有理数比较大小——数轴比较法

常用的方法二：数轴比较法

试题：比较以下几个有理数的大小。

$-\frac{2}{7}$，3.2，$-\sqrt[3]{64}$，$\sqrt{5}$，$\frac{9}{4}$，6.3

第一步，我们要画出一个数轴。

$$-5\quad-4\quad-3\quad-2\quad-1\quad 0\quad 1\quad 2\quad 3\quad 4\quad 5\quad 6$$

第二步，用上数据变形法整理数据，得到如下：

$$-\frac{2}{7}=-0.285\cdots,\quad -\sqrt[3]{64}=-4,\quad \sqrt{\ }=2.236\cdots,\quad \frac{9}{4}=2.25$$

第三步，把数据全部搬到数轴上对应的点。

$$-\sqrt[3]{64}\qquad\qquad -\frac{2}{7}\qquad \sqrt{5}\ \frac{9}{4}$$

$$-5\quad-4\quad-3\quad-2\quad-1\quad 0\quad 1\quad 2\quad 3\quad 4\quad 5\quad 6$$

由数轴可直观地看到排列的数据大小，因此比较大小如下：

$$-\sqrt[3]{64}<-\frac{2}{7}<\sqrt{5}<\frac{9}{4}<3.2<6.3$$

综上所述，有理数比较大小需要记住以下几点：

正数的绝对值越大，这个数越大。

两个负数比大小，绝对值大的反而小。

数轴上的两个数相比，右边的数总比左边的数大。

正数永远比0大，负数永远比0小。

看一眼就懂的数学常识

表1-5 数轴常识

概念	规定了原点、正方向、单位长度的直线叫作数轴。
绘制步骤	画出一条水平直线。 在这条直线上取出任意一点作为原点，并用这个点来表示数字0。 确定正方向，然后画上箭头。一般规定从原点向右为正方向，从原点向左边为负方向。 标数据。选取适当的长度作为单位长度，从原点开始，每隔一个单位长度取一个点，原点右边依次标上1，2，3……原点向左边依次标上-1，-2，-3……
示意图	

6 有理数不一样的加减乘除

学习完有理数概念及比较大小的方法，你是不是觉得它的加减运算更加简单了呢？

比如，我花8元钱买了一袋苹果，又花9元钱买了一袋橘子，我买水果一共花了8+9=17元。这样简单的正数相加也是有理数加法的一种。同理，我昨天丢失了2块钱，今天又丢失了5块钱，先不说我没钱买早餐饿得头晕眼花，你们帮我算算一共丢失多少钱？

有的同学会直截了当地说出7元钱，因为-2+(-5)=-7，就是丢失了7元。也有的同学可能觉得这样简单的题目肯定有诈，必须小心谨慎地对待。有理数的加减乘除四则运算到底难不难，我们一起去动手练练就知道啦。

从我们刚才列举的式子8+9=17和-2+(-5)=-7中可以看出，两组式子都是同号相加，并且得到的结果也是同号，由此得出：有理数的同号两数相加，取相同的符号，并把绝对值相加。

试题：如果+6遇上-3怎么算加法？

6+(-3)=6-3=3（像这样正常计算即可）。你想，手里有6元钱，买了一个3元的冰淇淋，还剩多少钱？这是小学的简单计算。之所以把这样简单的题放在这里，是为了同学们更容易理解有理数的运算法则。

有理数的加减运算法则

有理数的异号两数相加，取绝对值较大的符号，并用较大的绝对值减去较小的绝对值。比如 –9+3 中，|–9|和|3|比较绝对值时，–9 的绝对值较大，所以这题答案取负号"–"，然后较大绝对值 9 减去较小绝对值 3 等于 6，答案就是 –6。

有没有可能两个数相加等于 0？当然有，并且要重点注意，互为相反数的两个数相加等于 0。

有理数的减法运算中，要记住减去一个数等于加上它的相反数，也就是把减法变成加法来计算。比如 5–(–2)=5+2=7，也就是 5 加上 –2 的相反数 2 得到 7。

再看，–4–(–9) 怎么化成加法计算？其实就是 –4 加上 –9 的相反数 9，所以这道题应该是 –4+9=5。

综上所述，有理数的加法法则如下：

（1）同号两数相加，取相同的符号，并把绝对值相加。

（2）异号两数相加，取绝对值较大的符号，并用较大的绝对值减去较小的绝对值。

（3）一个数与 0 相加，还是得到这个数本身。

有理数减法法则：减去一个数等于加上这个数的相反数，即 $a-b=a+(-b)$。

有理数的加法交换律和加法结合律

有理数的加法交换律：$a+b=b+a$

例如，1+2=2+1，位置虽然不一样，但是相加后得到的结果是一样的。

有理数的加法结合律：$(a+b)+c=a+(b+c)$

前面两个数相加再加第三个数或者先加后两位数再加上第一位数，虽然相加的顺序不同，但是结果是一样的。

试题：计算 $-5-9+3-(-8)$。

解：$-5-9+3-(-8)$

$=-5+(-9)+3+8$

$=-14+3+8$

$=-3$

解题思路：看到这样的题目，先把减法变形成加法，然后再按顺序相加即可。注意同号相加符号一样，如 $-5-9$ 同号，答案带上"$-$"再把 5+9 的值 14 写上即可。对于 $3-(-8)$ 这样的形式，可运用减法法则，得出 3+8 等于 11 再进行下一步计算。

有理数的乘除运算法则

我们先来看一个最简单的乘法算式：2×5=10，正数和正数相乘得到正数。

加一点儿难度，把负号加上：(–2)×(–5)=？两个同号的数相乘，结果为正数，所以 (–2)×(–5)=10，负数乘以负数得正数。（负负得正）

注意：任何一个数乘以 0 都是 0。

再来看不同符号相乘，如 (–2)×5=–10，异号相乘都得负。

注意：式子里有奇数个负数的时候，结果为负数；如果有偶数个负数的时候，结果为正数。（奇负偶正：数一数式子里有几个负号，先判断符号再计算。）

综上整理得有理数的乘法法则如下：

（1）两数相乘，同号为正，异号为负，并把绝对值相乘。

（2）任何数乘以 0 都得 0。

（3）几个数相乘，有一个因式为 0，积为 0；各个因式都不为 0，积的符号由负因式的个数决定。

学会了有理数的乘法法则，还要记住有理数除法法则：除以一个数等于乘以这个数的倒数。特别注意：0不能做除数，即 $\frac{a}{0}$ 没有意义。

有理数乘法的交换律和加法交换律差不多，即$ab=ba$，位置改变但

结果不变。乘法的结合律和加法结合律相似，即$(ab)c=a(bc)$，不管先乘以前数还是后数，结果不变。

有理数的乘法比加法多了一个分配律，即$a(b+c)=ab+ac$。

举个例子：$2×(7+4)=2×7+2×4$，括号外面的数2乘以括号里面的数时，里面的数一定要全部乘以2，其实相当于不能偏心，假如你给7个同学2块钱买糖吃，同理的也要给4个同学2块钱，分配律重点在"分配"两个字。

看一眼就懂的数学常识

表1-6 有理数的运算法则

加法交换律	$a+b=b+a$
加法结合律	$(a+b)+c=a+(b+c)$
减法法则	减去一个数等于加上这个数的相反数，即$a-b=a+(-b)$
乘法交换律	$ab=ba$
乘法结合律	$(ab)c=a(bc)$
乘法分配律	$a(b+c)=ab+ac$
除法法则	除以一个数等于乘以这个数的倒数。特别注意：0不能做除数，即$\dfrac{a}{0}$没有意义。
混合运算法则	先乘方，后乘除，最后加减。

7

科学记数法和近似数哪个方便?

把10写成10的一次方，记作$10=10^1$，依次：$100=10^2$，$1000=10^3\cdots$ $10000000=10^7$。

从上面的记法可以得出规律：10的指数=小数点移动的位数。

想一想，怎么把24000000这个数用最简单的方式表达出来。

解决这个问题之前，我们先来学习一下科学记数法的概念。通常，我们把一个大于10的数记成$a\times10^n$的形式（$1\leqslant|a|<10$，a不为分数形式，n为整数），其中a是整数数位只有一位的数，这种记数法叫科学记数法。

抓住关键词：整数数位只有一位的数。

科学记数法的表示方法

科学记数法有什么作用呢?

如果我们需要标记或运算某个比较大或者比较小且位数较多的数时,使用科学记数法可以节省很多时间和空间。比如刚才说的 24000000,书写的时候很长,占用很多空间,并且记起来不容易,书写也花时间。这样的数我们可以用科学记数法的方式记作 2.4×10^7,不改变数的符号或大小,只改变书写的形式。

有的同学可能会问,如果长串的数字后面不是 0,那该怎么记数? 比如 20231 或 54237 这样的数字怎么用科学记数法表达?

根据"整数数位只有一位的数"的要求,20231 可以记作 2.0231×10^4,54237 记作 5.4237×10^4,即整数的数位上只有一位数。

增加一个难度,请用科学记数法写出 −31415927.84 这个数。

首先符号不变,按照"整数数位只有一个数"的要求,我们把它写成 −3.141592784,最后一步去数小数点移动了几位数,记作 $−3.141592784 \times 10^7$。这里要说明一下,为什么这个数本身有 2 个小数点位,移动了 7 个位数,没有记作 10^9。这是因为这个数本身带着的小数点有几个数位不用去考虑,我们要做的就是数清楚该数的小数点移动了几个数位,移动了几个数位那就是 10 的几次方。

看一眼就记得住的知识点

什么是近似数的有效数字？

对于近似数，我们会有一种既熟悉又陌生的感觉，如果你也有这个感觉那就对了。因为以前我们学习的四舍五入就是近似数的求值方法之一。有了这层关系，我们对近似数的概念也就容易理解了。

近似数是与准确数相近的数。看一个近似数四舍五入到哪一数位，我们就说这个近似数精确到哪一数位。从左边第一个不为零的数字起，到精确的位数，也就是最末尾数字止的数字叫这个近似数的有效数字。

常见的误区：

近似数 34.0 的精确度和近似数 34 一样吗？

数值看起来是一样的，唯一不同就是小数点的数位，但也正是这个数位上是"0"的小数点，一旦忽略就做错题了。因为 34.0 精确到了十分位（小数点后面一位），而 34 只精确到了个位数。

再举例：6 有 1 个有效数字；0.000004 有一个有效数字；0.1300 有 4 个有效数字；2.7×10^4 有 2 个有效数字。

最容易做错的就是最后那个样式的数，2.7×10^4 的有效数字只需看 2.7，不用看 $\times 10^4$。

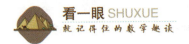

看一眼就懂的数学常识

表 1-7 科学记数法的记法

若 $|x|>1$，则记为 $a\times 10^n$ 的形式，n 的值由 x 的位数决定，m 为 x 的位数，则 $n=m-1$，$a=\dfrac{x}{10^n}=\dfrac{x}{10^{m-1}}$。

若 $|x|<1$，则 $n=-(m-m_1)$，$a=x\times 10^{m-m_1}$ $(1\leqslant|a|<10)$，其中 m 为 x 的位数，m_1 为 x 的有效数位。

8

二次根式闪亮登场

我们学了根号及开方的知识点，对于 $\sqrt{2}$，$\sqrt{5}$，$\sqrt{7}$ 这样的数已经很熟悉，但遇到 $\sqrt{x-5}$ 这样的式子该怎么化简求范围值呢？

如果说根号就像音标，那么如 $\sqrt{2}$ 这种带根号的数就像我们的汉字，而 $\sqrt{x-5}$ 这样的式子就像带音标的汉语拼音组词。

一般地，我们把形如 $\sqrt{a}$（$a \geqslant 0$）的式子叫作二次根式。条件是只有被开方数大于或等于0，二次根式才有意义。$\sqrt{a}$ 中的a既可以是一个数，也可以是一个含分母的式子。

看一眼必须背会的知识点

二次根式的性质

试题：如果我要给一块长方形的菜园围上围栏，长是宽的 2 倍，面积是 150 米^2，求它的宽是多少米？

解：设菜园的宽为 x 米，则长是 $2x$ 米，根据题目可以列式为：

$x \cdot 2x = 150$

$x \cdot 2x = 150$

$2x^2 = 150$

$x = \sqrt{\dfrac{150}{2}} = \sqrt{75}$

我们知道任何一个正数的平方根有两个，它们互为相反数。比如正数 a 的算术平方根是 $\sqrt{a}$，a 的另一个平方根为 $-\sqrt{a}$。注意：在最简形式中被开方数不能有分母存在。

$\sqrt{a^2} = |a|$，但是要根据绝对值的运算去掉绝对值符号。二次根式具有双重的非负性，即不仅 $a \geq 0$，且 $\sqrt{a} \geq 0$。

试题：判断以下各式是否是二次根式。

$\sqrt{16}$，$\sqrt{4a}$，$\sqrt{x^2+1}$，$\sqrt{-2a^2-1}$

$\sqrt{16}$ 是二次根式。因为 $\sqrt{16}$ 开方得 4，而 $4 > 0$，式子有意义。

$\sqrt{4a}$ 有两种情况：第一种，当 $a \geq 0$ 时，$4a \geq 0$，$\sqrt{4a}$ 是二次根式；当 $a < 0$ 时，$4a < 0$，此时的 $\sqrt{4a}$ 不是二次根式。

$\sqrt{x^2+1}$ 是二次根式。因为 x 无论取任何数值，x^2 一定大于等于 0，且 x^2+1 一定大于 0，所以式子有意义。

$\sqrt{-2a^2-1}$ 不是二次根式，因为 a 取任何数，a^2 一定大于等于 0，但 $-2a^2-1$ 一定小于 0，这个式子没有意义。

看一眼就懂的数学常识

表1-8 二次根式常识

概念	一般地，我们把形如 $\sqrt{a}$（$a \geq 0$）的式子叫作二次根式。
意义	$\sqrt{a}$（$a \geq 0$）被开方数非负；分母不为0。
性质	双重非负性：$a \geq 0$，且 $\sqrt{a} \geq 0$ $(\sqrt{a})^2 = a$（$a \geq 0$），即 $\sqrt{a}$ 的平方等于 $a\sqrt{a^2+b^2}$ $\sqrt{a^2} = |a| = \begin{cases} a & (a \geq 0), \\ -a & (a < 0) \end{cases}$

9

根号几的估算如此简单

　　假如你去买菜园里的围栏，菜园面积为150米²，已知长是$2\sqrt{75}$，宽是$\sqrt{75}$，老板有些犯难，这样该怎么估算出长度做这笔买卖呢？这里就需要用到我们的根号几估算法。

　　为什么要学习根号几的估算？其实这种估算是常用的数学方法之一，可以帮助我们很快速地估算到数值。在没有其他计算设备或计算器的情况下，可利用根号几的估算法得到一个近似数的结果。

$$\sqrt{19} \quad \sqrt{23} \quad \sqrt{34} \quad \sqrt{52}$$

　　如果让你估算以上几个带根号数的大小，你觉得有难度吗？

　　乍一看是有难度的，感觉谁都不认识，其实很简单，如果要比较带根号的数的大小，只需要比里面的数谁大谁小。以上这道题里面的数19，23，34，52刚好是按从小到大的顺序，那么就是$\sqrt{19} < \sqrt{23} < \sqrt{34} < \sqrt{52}$。

　　轻松解决这道题之后，如果有人再问$\sqrt{27}$在哪两个整数之间，该怎么解答呢？

根号几的估算方法

"估算"的意思就是大致推算。根号几的估算其实跟近似数差不多。我们回到刚才那道题,求 $\sqrt{27}$ 在哪两个整数之间。

整数$<\sqrt{27}<$整数,求整数是多少?最麻烦的方法就是一个一个地去找整数。但与 $\sqrt{27}$ 相邻的整数其实就是找平方数,即找根号下那个数附近的平方数,所以这题要找 27 附近的平方数。

从 27 往前找,26 不能开方,舍掉;再往前,25 可以开方,即 $\sqrt{25}$ =5,确定找到的第一个整数是 5。从 27 往后找,28,29,30,31,32,33,34,35 这些数都不能开方,36 可以开方,所以第二个整数就是 6。

很多人可能会觉得这个方法很复杂,其实只需要找到第一个整数 5,第二个整数由第一个整数 5+1 即可。

所以我们找到结果:$5<\sqrt{27}<6$,即 $\sqrt{27}$ 在整数 5 和整数 6 之间。

根号几的估算是粗略估算,如果计算中需要更精确的估算,那就涉及根号几的精确估算知识点。

根号几的精确估算

既然要精确估算，那就换一种问法：与$\sqrt{27}$最接近的整数是几?

这道题的意思就是$\sqrt{27}$更靠近整数5还是整数6，这样的估算比刚才的更精确一点。

首先，我们先取5和6之间的中间值5.5，然后比较$\sqrt{27}$和5.5的平方，即$\sqrt{27} < \sqrt{30.25}$，所以由此可知$\sqrt{27}$更靠近整数5。如果$\sqrt{27} > 5.5$的平方（中间值），那么就更靠近6，具体估算以遇到的题目中的数据为准。

看一眼就懂的数学常识

表1-9 根号几的估算常识

根号下比大小	根号下的数大，整个数就大； 根号下的数小，整个数就小。
找离根号几最近的整数	第一步，找出根号几相邻的两个整数； 第二步，比较根号几和两个整数中间值的大小； 大于中间值则靠近大数，小于中间值则靠近小数。
常用的根号数值	$\sqrt{2} \approx 1.414$，$\sqrt{3} \approx 1.732$，$\sqrt{5} \approx 2.236$，$\sqrt{7} \approx 2.646$， $\sqrt{8} \approx 2.828$，$\sqrt{10} \approx 3.162$，$\sqrt{11} \approx 3.317$，$\sqrt{12} \approx 3.464$， $\sqrt{14} \approx 3.742$，$\sqrt{15} \approx 3.873$

10

二次根式的化简与运算

二次根式的混合运算法则：首先把二次根式化简为最简二次根式，再把被开方数相同的二次根式合并，有括号的要先计算括号里，然后先乘除再加减。

看一眼必须背会的知识点

二次根式的化简

先来一道简单的试题：计算 $\sqrt{20}+\sqrt{125}$

解：$\sqrt{20}+\sqrt{125}$

$= 2\sqrt{5} + 5\sqrt{5}$

$= 7\sqrt{5}$

把几个二次根式化简成最简二次根式后，如被开方数相同，则倍数相加。例如 $2\sqrt{5} + 5\sqrt{5}$，被开方数相同，只需要加 2 和 5，结果带着 $\sqrt{5}$ 走，得到 $7\sqrt{5}$。

我们熟悉的 $\sqrt{4}=2$，$\sqrt{9}=3$，$\sqrt{16}=4$，这些二次根式很容易化为最简形式。但是遇到 $\sqrt{18}$ 和 $\sqrt{20}$ 这样的二次根式该如何化简？

$$\sqrt{18}=\sqrt{9\times2}=3\sqrt{2}$$
$$\sqrt{20}=\sqrt{4\times5}=2\sqrt{5}$$

$\sqrt{18}$ 这样化简是因为 9 可以开方得出 3，因此最简可以化为 $3\sqrt{2}$；$\sqrt{20}$ 不能写成 $\sqrt{10\times2}$ 是因为 10 和 2 都不能开方出整数，而 4×5 中，4 可以开方得出 2，于是最简为 $2\sqrt{5}$。

二次根式化简的第一个原则就是把根号下能开方的进行开方。

再来看一道题：$\sqrt{\dfrac{2}{3}}$ 怎么化简？

$\sqrt{\dfrac{2}{3}}=\dfrac{\sqrt{2}}{\sqrt{3}}$？ 当然不对！

二次根式化简的第二个原则是根号里没分母，分母里没根号。

$\dfrac{\sqrt{2}}{\sqrt{3}}$ 这里分母有根号，所以是不行的。这种情况下，我们可以把分母分子同时扩大倍数，得出 $\dfrac{\sqrt{2}}{\sqrt{3}}=\dfrac{\sqrt{2}\times\sqrt{3}}{\sqrt{3}\times\sqrt{3}}=\dfrac{\sqrt{6}}{3}$，而 $\dfrac{\sqrt{6}}{3}$ 才是最简结果。

$\sqrt{\dfrac{2}{3}}$ 这是根号里有分母，$\dfrac{\sqrt{2}}{\sqrt{3}}$ 这是分母里有根号，都不符合二次根式的第二原则，计算的时候需要多注意观察，一不小心就会没有化简完全。

例：$\sqrt{\dfrac{1}{2}}$ 化简为：$\sqrt{\dfrac{1}{2}} = \dfrac{\sqrt{1}}{\sqrt{2}} = \dfrac{\sqrt{1} \times \sqrt{2}}{\sqrt{2} \times \sqrt{2}} = \dfrac{\sqrt{2}}{2}$，最简结果为 $\dfrac{\sqrt{2}}{2}$。

看一眼就记得住的知识点

二次根式的混合运算

$$2\sqrt{5} + 5\sqrt{5} = 7\sqrt{5}$$

合并二次根式时，被开方数相同，根式不变，系数加减即可。

$$\sqrt{2} + \sqrt{8} = \sqrt{2} + 2\sqrt{2} = 3\sqrt{2}$$

合并二次根式时，被开方数不同，要先把 $\sqrt{8}$ 这样没有化简的二次根式化为最简根式，然后再进行加减运算。

加减运算掌握之后，来试一下乘法运算，首先小试一道题。

试题：化简二次根式 $(\sqrt{2}+1)(\sqrt{2}-2)$

解：$(\sqrt{2}+1)(\sqrt{2}-2)$

$\quad = 2 - 2\sqrt{2} + \sqrt{2} - 2$

$\quad = -\sqrt{2}$

二次根式的混合运算中，不仅有乘、除、加、减，还会有乘方和绝对值。如果用绝对值举例，如 $\left|\sqrt{3}-\sqrt{2}\right|$，首先判断谁大谁小，因为 $\sqrt{3} > \sqrt{2}$，所以 $\sqrt{3}-\sqrt{2}$ 为正，化简的答案就是 $\sqrt{3}-\sqrt{2}$。

再如，比较 $\left|\sqrt{3}-3\right|$，有一个数没有根号，这种情况下可以把根号

带上，变成$\left|\sqrt{3}-\sqrt{9}\right|$，这样就可以比较大小了。又因为$\sqrt{3}<\sqrt{9}$，所以结果是负的，$\left|\sqrt{3}-3\right|=3-\sqrt{3}$。

看一眼就懂的数学常识

二次根式运算法则表 1-10

乘法法则	$\sqrt{a}\times\sqrt{b}=\sqrt{ab}$ （$a\geq0$，$b\geq0$）
乘法法则的逆运算	$\sqrt{ab}=\sqrt{a}\times\sqrt{b}$ （$a\geq0$，$b\geq0$）
除法法则	$\dfrac{\sqrt{a}}{\sqrt{b}}=\sqrt{\dfrac{a}{b}}$ （$a\geq0$，$b>0$）
除法法则的逆运算	$\sqrt{\dfrac{a}{b}}=\dfrac{\sqrt{a}}{\sqrt{b}}$ （$a\geq0$，$b>0$）

第二章

变形技巧——整式与分式的化简求值

1

整式是"整"什么？

"整式"中的"整"可以理解为"整合"，即整合的式子，或者说"整式"就是把一些代数式整理后有机结合形成完整的式子。整式在数学中有多种应用方式，例如解决代数问题、解方程、因式分解和化简等，并且整式还可以用于计算面积、体积和周长等几何量。

看一眼就记得住的知识点

整式的概念

一般地，我们把单项式和多项式统称为整式。简单来说就是用含字母的式子来表示数或者数量的关系。注意，在所有的整式中分母都不能含有字母，即除数中不能含有字母。

例如，像 $\dfrac{3c}{2}$，$6.4x+2$，$x \cdot y$ 这样的式子叫作整式，$\dfrac{x}{y}$ 这样的分母带字母的不是整式。

　　整式和代数式的关系是从属关系。代数式可以用单独的一个数或字母来表示。我们可以说所有的整式都是代数式，但并不是所有的代数式都是整式。容易产生的误区就是，很多人把这条知识点记反了，变成了"所有代数式都是整式"，这样是错误的。为什么会出现这样的问题呢？因为整式中的"整"字会让人联想到"整体、整合、完整"等意思，比起"代数式"三个字，"整式"似乎看起来更全面具体，因此容易把整式误认为比代数式层级高。

　　在整式中，数字与字母或者字母与字母相乘，书写时要注意把乘号写成"·"或者直接省略不写，例如 $8 \times b$ 可以写成 $8 \cdot b$ 或者 $8b$。在式子中书写除法时要写成分数的形式，例如 $3c \div 7$ 要写成 $\dfrac{3c}{7}$ 的形式。

看一眼就记得住的知识点

分式是单项式吗？

　　单项式和分式是数学中两种重要的代数表达式。

　　单项式是由数字、变量和它们的幂次组成的代数表达式，且没有加、减、乘、除等运算符号。

　　分式则是由分子和分母两部分组成，分子和分母都是整式，分母不为零。

　　单项式如 $2x$，$3xy$，$4x^2y^3$ 等。

　　分式如 $\dfrac{2}{3}$，$\dfrac{x}{2}$，$\dfrac{x^2}{(x+1)}$ 等。

单项式和分式在数学中有着广泛的应用。单项式可以用于表示几何量,如长度、面积和体积等。分式则可以用于描述比例关系和变化率等。

总的来说,单项式和分式是数学中重要的代数工具,可以用于解决各种数学问题。

看一眼就懂的数学常识

表 2-1 整式常识

名词	概念
整式	单项式和多项式统称为整式。
单项式	像$2x$,ab,$-n$这样由数字和字母的积组成的代数式叫作单项式。单独的一个数字或者字母也是单项式,例如5,x。
多项式	几个单项式的和或者差叫作多项式。在多项式中,每个单项式叫作多项式的项,不含字母的项叫作常数项。 一个多项式中有多少个项就叫作几项式,次数最高的项的次数就是这个多项式的次数。

2

整式的加减与化简

整式的加减与化简是数学中的重要概念之一，涉及代数式的合并、拆分、简化等操作。掌握整式的加减与化简技巧，对于后续学习代数、函数、方程等具有重要意义。

看 一 眼 就 记 得 住 的 知 识 点

整式的加减与化简概念

整式的加减与化简主要涉及以下概念：

同类项：同类项是指代数式中字母部分完全相同的项，即字母和字母的次数分别相同。例如，x^2 和 $2x^2$ 是同类项。

识别同类项：找出代数式中的同类项。判断是否为同类项时需注意字母是否相同，相同字母的次数是否相同。

合并同类项：将代数式中的同类项合并为一个项的过程称为合并同类项。合并同类项时，应将系数相加或相减，字母及指数保持不变。例如，$3x^2 + 2x^2 = 5x^2$。合并同类项要根据同类项的定义，将

代数式中的同类项合并为一个项。合并时注意保持代数式的运算顺序，即先乘除后加减，并遵循四则运算法则。

整式的加减：通过合并同类项或消除同类项，将复杂整式简化为简单整式的过程称为整式的加减。

整式的化简：通过合并、拆分、简化等手段，将整式化简为最简形式的过程称为整式的化简。化简过程中应注意保持运算的正确性和代数式的完整性。

看一眼必须背会的知识点

整式的加减与化简之括号法

去括号与填括号

（1）去括号法则：括号前面是"+"，把括号和它前面的"+"去掉，括号内的各项都不变号；括号前面是"−"，把括号和它前面的"−"去掉，括号内的各项都改变符号。

注意：①去括号的依据是乘法分配律，当括号前面有数字因数时，应先利用分配律计算，切勿漏乘；②明确法则中的"都"字，变符号时，各项都变；若不变符号，各项都不变。例如：$a+(b-c)=a+b-c$；$a-(b-c)=a-b+c$。③当出现多层括号时，一般由里向外逐层去括号，如遇特殊情况，为了简便运算也可由外向内逐层去括号。

（2）填括号法则：所添括号前面是"+"号，添到括号内的各项都不变号；所添括号前面是"–"号，添到括号内的各项都改变符号。

注意：①添括号是添上括号和括号前面的"+"或"–"，它不是原来多项式的某一项的符号"移"出来的；②添括号和去括号的过程正好相反，添括号是否正确，可用去括号来检验。例如：$a+b-c=a+(b-c)$；$a-b+c=a-(b-c)$。

看一眼必须收藏的知识点

整式的加减

试题：化简 $m-n-(m+n)$ 的结果是多少？

解：原式 $=m-n-m-n=-2n$

解题思路：按去括号的法则进行计算，括号前面是"–"号，把括号和它前面的"–"号去掉，括号里各项都改变符号。

同理，计算 $2xy+3xy=$ ？

很简单，答案是 $5xy$。

解题思路：按合并同类项的法则进行计算，把系数相加所得的结果作为系数，字母和字母的指数不变。注意不要出现 $5x^2y^2$ 的错误。

看一眼就懂的数学常识

表2-2 整式的加减与化简注意事项

整式的加减	整式的加减实质上是去括号和合并同类项，其一般步骤是： （1）如果有括号，那么先去括号。 （2）如果有同类项，再合并同类项。 注意：整式运算的结果仍是整式。
注意事项	（1）注意运算的正确性：进行整式的加减与化简时，需保证每一步运算都符合四则运算法则，确保结果准确无误。 （2）注意代数式的完整性：在合并同类项或消除括号时，需确保代数式中每一部分都得到合理的处理，避免遗漏或错误地改变代数式的结构。 （3）灵活运用技巧：整式的加减与化简需要灵活运用各种技巧，如乘法分配律、除法性质等。掌握这些技巧有助于更高效地进行整式的简化。

3

同底数幂的乘方

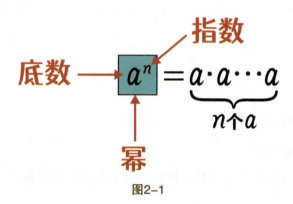

图2-1

如图所示，a^n表示的意义是什么？其中，a，n和a^n分别代表了什么？

a^n表示的意义是n个a相乘的积。其中，a是底数，n是指数，a^n叫作幂。

看一眼必须收藏的知识点

同底数幂的同底作用

10^9 和 10^7 分别用式子表示如下：

$10^9 = 10 \times 10 \times 10 \times 10 \times 10 \times 10 \times 10 \times 10 \times 10$

$10^7 = 10 \times 10 \times 10 \times 10 \times 10 \times 10 \times 10$

这样的式子写起来很麻烦，并且计算的时候也非常复杂烦琐。

而 $10^9 \times 10^7$ 可以表示它们的乘积。这样的式子特点是底数相同。

试一试：

①$10^5 \times 10^4 = 10^9$

②$4^4 \times 4^6 = 4^{10}$

③$m^7 \cdot m^5 = m^{12}$

底数相同，左边两个数的指数和等于右边数的指数。

$$a^m \cdot a^n = \underbrace{(aa\cdots a)}_{m \text{个} a}\underbrace{(aa\cdots a)}_{n \text{个} a} \quad \text{（乘方的意义）}$$

$$= \underbrace{aa\cdots a}_{(m+n)\text{个} a} \quad \text{（乘法结合律）}$$

$$= a^{m+n} \quad \text{（乘方的意义）}$$

图2-2

即同底数幂相乘，底数不变，指数相加。注意，幂的底数必须相同时指数才能相加。

$a^m \cdot a^n = a^{m+n}$（m，n都是正整数）

看一眼就记得住的知识点

同底数幂的乘法法则

同底数幂的乘法法则：同底数幂相乘除，原来的底数作底数，指数的和或差作指数。

想一想：为什么 $a \cdot a^5 \neq a^{0+5}$？

首先要明白 a 的指数不是 0，而是 1，很多人做题的时候往往会忽略指数 1 的存在。这道题应该是 $a \cdot a^5 = a^{1+5} = a^6$。

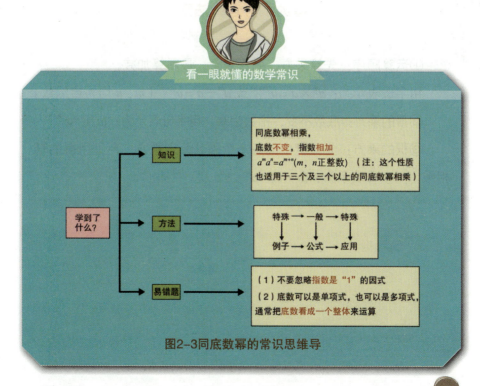

图2-3同底数幂的常识思维导

4

幂和它的乘方

看一眼必须背会的知识点

幂的乘方运算法则

①运算顺序：先算乘方，后算乘除，最后算加减。

用字母表示为：$a^m \times a^n = a^{(m+n)}$ 或 $a^m \div a^n = a^{(m-n)}$（m，n 均为自然数）

②幂的乘方：底数不变，指数相乘。用字母表示为：$(a^m)^n = a^{(m \cdot n)}$

③积的乘方：先把积中的每一个乘数分别乘方，再把所得的幂相乘。用字母表示为：$(a \cdot b)^n = a^n \cdot b^n$。

看一眼就记得住的知识点

有理数乘方的意义,跟有理数乘方运算的性质有什么区别?

求相同因数的积叫作乘方,乘方运算的结果叫幂。

运算顺序:先算乘方,后算乘除,最后算加减。

有理数乘方的意义:求 n 个相同因数 a 的乘积的运算,记作 a^n,读作 a 的 n 次方。

有理数乘方运算的性质:正数的任何次幂都是正数,负数的奇次幂是负数,负数的偶次幂是正数,0 的任何正整数次幂都得0。

看一眼就懂的数学常识

表2-3 幂的乘方法则

乘方的定义	求相同因式积的运算,叫作乘方。乘方中,相同的因式叫作底数,相同因式的个数叫作指数,乘方的结果叫作幂。
乘方法则	正数的任何次幂都是正数。负数的奇次幂是负数,负数的偶次幂是正数。 注意:当 n 为正奇数时:$(-a)^n=-a^n$ 或 $(a-b)^n=-(b-a)^n$;当 n 为正偶数时:$(-a)^n=a^n$ 或 $(a-b)^n=(b-a)^n$。

5 灵活代入的模仿者：平方差公式与运用

平方差公式是初中数学中的重要公式之一，也是恒等式，公式为：$(a+b)(a-b)=a^2-b^2$。公式中的字母可以表示数字，也可以表示单项式、多项式等代数式。在多项式的乘法计算过程中，只要算式符合公式的结构特征，就可以运用平方差公式。在灵活运用平方差公式解答有关问题时，应注意以下技巧。

看一眼就记得住的知识点

平方差公式的正运用

（1）直接运用平方差公式

例题一，计算：$(-3a+2b)(-2b-3a)$

解：原式 $=(-3a)^2-(2b)^2=9a^2-4b^2$

解题思路：学习完一个新的公式之后，大家都会找一些简单的例题来照葫芦画瓢，也就是直接套用。学习了平方差公式后，直接套用公式是最基本的模仿运用，通过模仿可以培养类比的思维能力，从而达到熟练掌握平方差公式的目的。

（2）连续运用平方差公式

例题二，计算：$(x+2)(x^2+4)(x-2)$

解：原式 $=(x^2-4)(x^2+4)=x^4-16$

解题思路：这道题如果从左向右依次运算，计算很烦琐。若根据题目的特点，先将两个一次式相乘，则发现只要连续两次运用平方差公式，就可以求得结果。

（3）综合运用乘法公式

例题三，计算：$(2a+b-c+6)(2a-b+c+6)$

解：原式 $=[(2a+6)+(b-c)][(2a+6)-(b-c)]$

$\qquad =(2a+6)^2-(b-c)^2$

$\qquad =4a^2+24a+36-b^2+2bc-c^2$

解题思路：此题是两个四项式相乘，按照多项式的乘法法则计算，会得到十六项，然后再合并同类项。但是若能把 $(2a+6)$，$(b-c)$ 看作整体，则可以先运用平方差公式再运用完全平方公式求解，避免合并同类项的运算。

平方差公式的逆运用

（1）直接逆用平方差公式

例题一，计算：$(a+2)^2-(a-2)^2$

解：原式 $=[(a+2)+(a-2)][(a+2)-(a-2)]=2a\times4=8a$

解题思路：此题可以直接先运用完全平方公式，然后再进行整式的加减。但这样运算比较烦琐，若根据题目的特点，直接逆用平方差公式，便可化繁为简，迅速求解。

（2）提公因式后逆用平方差公式

例题二，计算：$6.98\times51^2-49^2\times6.98$

解：原式 $=6.98\times(51^2-49^2)$

$\qquad=6.98\times(51+49)\times(51-49)$

$\qquad=6.98\times100\times2$

$\qquad=1396$

解题思路：此题无法直接逆用平方差公式，观察到题目的特点，可以先提取公因式6.98，再逆用平方差公式求解。

（3）逆用平方差公式后约分

例题三，计算：$(16a^2-9b^2)\div(4a-3b)$

解：原式 $=(4a+3b)\times(4a-3b)\div(4a-3b)=4a+3b$

解题思路：根据题目特点，先逆用平方差公式再进行约分，则可以化繁为简，迅速得到答案。

看一眼就懂的数学常识

表2-4 平方差公式常识

平方差公式	$(a+b)(a-b)=a^2-b^2$
正运用	（1）直接运用平方差公式 （2）连续运用平方差公式 （3）综合运用乘法公式
逆运用	（1）直接逆用平方差公式 （2）提公因式后逆用平方差公式 （3）逆用平方差公式后约分

6

得力的计算帮手：完全平方式及运用

完全平方的概念

完全平方公式是数学中的一个重要公式，主要用于计算两个数的平方差。其公式表示为：$(a \pm b) = a^2 \pm 2ab + b^2$。其中，$a$ 和 b 是两个实数，a^2 表示 a 的平方，b^2 表示 b 的平方。

完全平方的运用

公式应用：完全平方公式在数学和物理中有广泛的应用。它可以用于计算面积、体积、周长等几何量，也可以用于解决代数方程、不等式等问题。

例题一：求 $(2-3x)^2$

解：原式$=2^2-2 \times 2 \times 3x+(3x)^2$

$\qquad =4-12x+9x^2$

例题二：求 $(2ab+4a)^2$

解：原式$=(2ab)^2+2 \times 2ab \times 4a+(4a)^2$

$\qquad =4a^2b^2+16a^2b+16a^2$

看一眼就懂的数学常识

表 2-5 完全平方公式常识

公式	$(a \pm b)^2=a^2 \pm 2ab+b^2$
定义	两数和或差的平方，等于它们的平方和加上或减去它们的积的两倍。
注意事项	（1）确保 a 和 b 是实数，否则公式不成立。 （2）在进行计算时，要遵循运算法则，先进行乘法运算，再进行加减运算。 （3）当需要因式分解时，可以尝试将多项式写成一个平方差的形式，然后使用完全平方公式进行因式分解。

7

怎么区分单项式与分式？

分式不是单项式，分式是形如 $\dfrac{A}{B}$ 的式子，而单项式是由数或字母的积组成的代数式。单独的一个数或一个字母也叫作单项式，分数和字母的积的形式也是单项式。

形如 $\dfrac{A}{B}$（A，B 是整式，B 中含有字母）的式子叫作分式。其中 A 叫作分式的分子，B 叫作分式的分母。当分式的分子的次数低于分母的次数时，我们把这个分式叫作真分式；当分式的分子的次数高于分母的次数时，我们把这个分式叫作假分式。

注意：判断一个式子是否是分式，不要看式子是否是 $\dfrac{A}{B}$ 的形式，关键要满足：分式的分母中必须含有字母，分子分母均为整式。无须考虑该分式是否有意义，即分母是否为零。

看一眼就记得住的知识点

分式的条件

分式条件：

分式有意义条件：分母不为 0。

分式值为 0 条件：分子为 0 且分母不为 0。

分式值为正（负）数条件：分子分母同号得正，异号得负。

分式值为 1 的条件：分子 = 分母 ≠ 0。

分式值为 –1 的条件：分子分母互为相反数，且都不为 0。

由数或字母的积组成的代数式叫作单项式，单独的一个数或一个字母也叫作单项式，分数和字母的积的形式也是单项式。任意一个字母和数字的积的形式是单项式（根据除法法则，除以一个数等于乘以这个数的倒数）。单独一个字母或数字也叫单项式。0也是数字，也属于单项式。如果一个单项式只含有数字因数，那么它的次数为0。

分母含有字母的式子不属于单项式。因为单项式属于整式，而分母含有未知数的式子是分式。a，-5，x，$2xy$都是单项式，而$0.5m+n$，$\dfrac{1}{x}$不是单项式。

有些分数也属于单项式。$\dfrac{x}{\pi}$是单项式，因为 π 不是字母。单项式是字母与数的乘积。用运算符号把表示数的字母或数连接起来的式子叫代数式。代数式不能含有"≥""=""<""≠"等符号。

看一眼必须收藏的知识点

单项式与分式的和与差

要解决单项式和分式的和与差，我们需要遵循数学中的运算规则。

对于单项式的和与差，我们可以直接将相同变量的幂次相加或相减，而常数项则直接相加或相减。

例如，求 $(2x + 3x) + (4x-x)$ 的结果，我们得到：

原式 $= (2+3)x + (4-1)x$

$=5x+3x$

$=8x$

对于分式的和与差，我们需要先找到通分母，然后将分子相加或相减。

例如，求 $\dfrac{2}{3} - \dfrac{1}{4}$ 的结果，我们得到：

原式 $= \dfrac{2 \times 4}{3 \times 4} - \dfrac{1 \times 3}{4 \times 3}$

$= \dfrac{8}{12} - \dfrac{3}{12}$

$= \dfrac{8-3}{12}$

$= \dfrac{5}{12}$

需要注意的是，分母不能为零，否则会导致数学上的错误。

总的来说，解决单项式和分式的和与差需要遵循数学中的运算规则，对于单项式要合并同类项，对于分式要通分后进行加减运算。

看一眼就懂的数学常识

表2-6 单项式与分式常识

单项式	数与字母的乘积。 系数：单项式中的数字因数（包括前面的符号）。 次数：所有字母的指数的和。
分式	一般地，形如 $\dfrac{A}{B}$ 式子，如果A，B表示两个整式，且B中含有字母，那么式子 $\dfrac{A}{B}$ 就叫做分式，在分式 $\dfrac{A}{B}$ 中，A叫做分子，B叫做分母。
注意	分式的字母表示除数，由于除数不能为0，所以分式的分母不能为0，即$B \neq 0$时，分式 $\dfrac{A}{B}$ 才有意义。

8

约分遇上通分

约分和通分是数学中非常基础的概念，它们在分数的计算中起着至关重要的作用。

什么是约分和通分

（1）约分的定义和计算方法

约分，顾名思义，就是把一个分数化简为最简分数。用一个公约数同时除分子和分母，使得这个分数的分子和分母没有其他公约数，即分数不可再约分。

（2）具体来说，约分的计算方法如下：

第一，求出分子和分母的最大公约数。

第二，分子和分母同时除以最大公约数。

例如，分数 $\dfrac{12}{18}$ 可以约分为 $\dfrac{2}{3}$，因为 12 和 18 的最大公约数为 6，

同时除以 6 就得到了最简分数 $\frac{2}{3}$。

（3）通分的定义和计算方法

通分是指将两个或多个分母不同的分数转换成分母相同的分数，其定义为：使多个分数的分母相同，即分数可通分。

（4）具体来说，通分的计算方法如下：

第一，找出多个分数的公因数。

第二，将每个分数的分母乘以一个适当的数，使得它们的分母都变成公因数的倍数。

例如，将分数 $\frac{1}{2}$ 和 $\frac{2}{3}$ 通分，可以将它们的分母分别乘以 3 和 2，得到 $\frac{3}{6}$ 和 $\frac{4}{6}$，这样它们就成了分母相同的分数。

看一眼就记得住的知识点

约分和通分的应用

（1）分数的加减乘除运算需要先进行通分，再进行计算。

例如，计算 $\frac{1}{2} + \frac{2}{3}$，需要先将它们通分为 $\frac{3}{6}$ 和 $\frac{4}{6}$，然后再相加得到 $\frac{7}{6}$。

（2）在比较大小时，需要将分数通分，然后比较分子的大小。

例如，比较 $\frac{1}{2}$ 和 $\frac{2}{3}$ 的大小，需要将它们通分为 $\frac{3}{6}$ 和 $\frac{4}{6}$，然后比

较分子 3 和 4 的大小，显然 $4 > 3$，因此 $\dfrac{2}{3} > \dfrac{1}{2}$。

（3）在分数的化简中，需要进行约分，化简为最简分数。

例如，化简分数 $\dfrac{10}{20}$，需要先求出分子和分母的最大公约数为 10，然后同时除以 10，得到最简分数 $\dfrac{1}{2}$。

约分是将一个分数化简为最简分数，通分是将多个分数转换成分母相同的分数。在实际应用中，约分和通分常常被用于分数的加减乘除运算、比较大小和化简等方面。

看一眼就懂的数学常识

表 2-7 约分与通分常识

最简分数	分子和分母只有公因数1，这样的分数叫作最简分数。
约分	把一个分数化成值不变，但分子和分母都比较小的分数，叫作约分。
约分的方法	逐次约分时用分子分母除以较小的公因数。 一次约分时用分子分母除以最大的公因数。
通分	使多个异分母分数的分母相同，即分数的通分。
通分的方法	对于分子、分母都不相同的分数，比较大小时，可以利用分数的基本性质，通分成同分母分数，再比较大小。 通分时，用两个分母的公倍数作公分母。为了计算简便，通常选用最小公倍数作分母。

第三章

线与角——从点、线、面开始认识图形

1

实物的几何图形是什么样？

古希腊数学家欧几里得大约在公元前300年最先创立了处理平面上二维物体的"平面几何"，后来又分析出三维物体上的"立体几何"。他被称为"几何之父"，最著名的作品《几何原本》成为欧洲数学的研究基础。

图3-1

几何图形，简单来说就是从生活中各种各样的实物里抽象出的平面图形和立体图形。比如一个足球，第一眼看过去就是立体图形，属于一个球体。如果把这个足球从中间平分成两半，从侧面看是一个曲面，正向看切面是一个圆形，这个时候看不到整个足球的立体形状，只能看到足球切面是一个圆形，因为这个圆形每个部分都在同一个平面内，这种图形称为平面图形。

看一眼就记得住的知识点

常见的平面图形（举例部分）

名称	线段	直线	射线	三角形	长方形	正方形	圆形	梯形
图形	$A \vdash\!\!\!\dashv B$	$\!\!-\!\!\!-l$	$O\!\!\bullet\!\!-\!\!\!-A$	△	▭	◼	●	⬯
平面图形	概念：平面图形是几何图形的一种，指所有点都在一个平面内的图形，如线段、三角形、长方形、圆等都是基本的平面图形。							

看一眼就记得住的知识点

常见的立体图形（举例部分）

名称		透视图例	3D模型	特点	
柱体	圆柱			有两个面（底面）是相互平行的	底面是圆形，侧面是曲面。
	棱柱				底面是多边形，侧面是四边形。
锥体	圆锥			有一个顶点	底面是圆形，侧面是曲面。
	棱锥			各侧面有一个公共的顶点	底面是多边形，侧面是三角形。
球体				表面是曲面	

看一眼就懂的数学常识

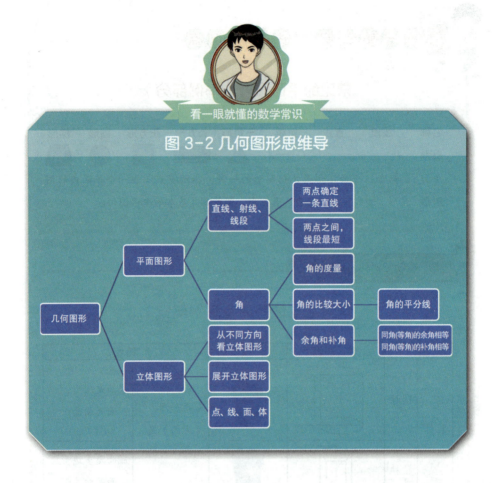

图 3-2 几何图形思维导

2

点和线构成神奇的面

　　你敢相信吗？一个点也是平面图形！通常我们画任意的一个图形时，起笔是从一个点开始的，然后由经过这个起点的点构成线，再由线构成面，也就是我们所说的平面图形。几个不在同一平面内的面就组成了立体图形，我们现在所接触到的实物其实都属于几何图形。

　　从点开始探究，点、线、面乃至体，它们之间有什么联系？分别又有什么特点呢？

 看一眼就记得住的知识点

点、线、面、体的概念

　　点：空间中只有位置没有大小的图形。线与线相交的地方也是点。

　　线：点通过运动形成的图形。线有直线和曲线两种类型。

　　面：线通过运动形成的图形。面分为平的面和曲的面两种类型。

　　体：几何体简称体，我们常见的几何体有长方体、正方体、圆锥、圆柱、棱柱、球等。

　　注意：点动成线，线动成面，面动成体，其中点是构成几何图形的基本元素。

认识线段、直线与射线

名称	图例	表示方法	特点
线段	A ____ a ____ B 线段a或线段AB或线段BA	①用一个小写字母表示，例如a ②用表示端点的两个字母表示，如AB或BA	①有两个端点 ②没有方向 ③有长短
直线	A ____ l ____ B 直线AB	①用一个小写字母表示，例如l ②用直线上的两点表示，如AB	①无端点 ②没有方向 ③无长短
射线	O A ____ l ____ B 射线OA	①用一个小写字母表示，例如l ②用端点和射线上的另一个点表示，如OA	①有一个端点 ②有方向 ③无长短

看一眼就懂的数学常识

表3-1 直线的常识

基本事实	两点确定一条直线。即经过两点有且只有一条直线。
直线相交	（1）两条直线相交：当两条不同的直线有一个公共点时，称这两条直线相交，而这个公共点称为交点。 （2）多条直线两两相交：平面内任意两条直线都相交，称为两两直线相交。这种情况下，最少有1个交点。
点和直线的位置关系	点在直线上：即这条直线经过这个点，如点B。 点在直线外：即这条直线不经过这个点，如点A。 　　　　　$\cdot A$ 　　━━━━━━━ 　　　B

3

了不起的线段

看一眼必须背会的知识点

比较线段的长短

我们通常把直线上任意两点及它们之间的部分叫作线段，而这两个点叫作线段的端点。线段和直线、射线不同，它可以测量并比较长短。

测量线段长短有两种方法：

叠合法：这是一个最简单的操作方法，就是找到两条线段的共同端点，然后把一条线段和另一条线段叠合起来，可以直观看出线段的长短。

度量法：直接用刻度尺进行测量来比较线段的长短。

看一眼就记得住的知识点

如何找线段的中点

　　找出线段的中点，其实就是找出把这条线段分成两条相等的线段的二等分点。因此，在做题过程中，已知点 O 是线段 AB 的中点，这句话就是明确地告诉你已知条件是 $OA=OB$。

　　思考一下：设线段 $AB=16$ cm，$AD=4$ cm，已知点 C 是线段 DB 的中点，求线段 DC 的长是多少？

　　解题思路：首先看第一个已知的条件，从"线段 $AB=16$ cm，$AD=4$ cm"中可以得到线段 $DB=AB-AD=16-4=12$ cm。再看第二个条件"点 C 是线段 DB 的中点"可以得到线段 $DC=CB=\dfrac{DB}{2}$，因此，代入刚才计算得出的 $DB=12$ cm，解得 $DC=CB=\dfrac{1}{2}\times12=6$ cm。

　　在线段的相关计算中，这类题型难度很低，因为题目中已知的条件给得多，计算起来并不复杂。做题时需要认真审题，找出题目中各类条件的关系，再根据图例逐步计算即可。

看一眼就懂的数学常识

表 3-2 线段基本常识

基本事实	两点之间，线段最短。
两点间的距离	一般地，连接两点间的线段的长度，叫作这两点的距离。
线段的画法	刻度尺 无刻度的直尺和圆规
线段的延长线	线段的延长线一般画成虚线，指的是线段向一方延长的部分，可以正向或者反向延长。
线段的等分点	把一条线段分成相等的三部分称为这条线段的三等分，其中等分部分的点称为等分点，即三等分点。依此类推，还能得到线段的四等分点、五等分点等。

4

角是如何产生的？

一提起"角"，不少同学的第一印象就是三角形，其实四边形、多边形等都是有"角"的。用三角形来举例，这种"角"属于三角形的一部分，顾名思义，三角形中有三个"角"。但是不能用三角形的名称关系来看待其他的平面图形，例如平行四边形，很多人会好奇平行四边形为什么不叫"四角形"。

角在数学中也是我们常见的老朋友了，下面让我们一起来看一下它是如何产生的吧。

看一眼就记得住的知识点

角的概念与分类

概念：由两条射线组成且有公共端点的图形叫作角。这两条射线是角的两条边，公共端点是这个角的顶点。

角也可以是一条射线围绕着它的端点旋转所形成的图形。

角的分类：一般地，我们把角分为锐角、直角、钝角、平角、周角五类。

锐角：居于 0° 和 90° 之间的角被称为锐角，即 0° ＜锐角 ＜ 90°（直角）。

直角：角度等于 90° 的角叫作直角，即 ∠ =90°。

钝角：比直角大，但又比 180° 小的角叫作钝角，即 90°＜钝角＜ 180°。

平角：当角度等于 180° 时，这种角叫作平角，即 ∠ =180°。

周角：角度等于 360° 时叫作周角，从一个端点旋转了一周，相当于转了两次平角。即 ∠ =360°。

从小到大排序：锐角＜直角＜钝角＜平角＜周角。

看一眼必须收藏的知识点

角的度量单位与角度制

角的度量单位是 60 进制的度、分、秒。

一般在进行角的度量计算时，度、分、秒运算法则可由低级单位向高级单位转化或者由高级单位向低级单位转化。

角度制的概念：以度、分、秒为单位的角的度量制叫作角度制。

度：把一个周角 360 等分，每一份是 1 度的角，记作 1°；

分：把 1 度的角 60 等分，每一份是 1 分的角，记作 1′；

秒：把 1 分的角 60 等分，每一份是 1 秒的角，记作 1″。

角的度量换算：

1 周角 $=360° =2$ 平角 $=4$ 直角，$1° =60′$，$1′ =60″$。

看 一 眼 就 记 得 住 的 知 识 点

比较角的大小

角的大小和角的开口大小有关，和角的边长没有关系。例如，有两个大小不一样的正方形，大小正方形的角都是 90°，不同的是形状的大小。也就是说在同一个角度内，角边的长短与它开合的角度大小没有关系。

比较角的大小常用两种方法：

度量法：直接使用量角器分别测量出每个角的度数，然后按角度的大小进行比较即可。

叠合法：这种方法不需要量角器，主要是把两个角叠合起来看开合的大小。注意，一定要把两个角的顶点和其中一边进行重合。

总结：角的大小与角边的长短无关，与构成角的两边的开合幅度大小有关系。

看一眼必须背会的知识点

认识余角、补角与方向角

（1）"余角"中的"余"可以简单理解为有剩余、多余的意思，因此余角可以理解为多出来的"角"。

余角的概念：如果两个角的和等于90°（直角），那么我们就说这两个角互为余角，即一个角是另一个角的余角。表示为若$\angle 1 + \angle 2 = 90°$，则$\angle 1$和$\angle 2$互余（互为余角）；反之，若已知$\angle 1$和$\angle 2$互余（互为余角），则可得出$\angle 1 + \angle 2 = 90°$。

余角的性质：同角（即度数相等的角）的余角相等。

（2）"补角"中的"补"可以理解为"补充，补足"。

补角的概念：如果两个角的和等于180°（平角），就说这两个角互为补角，即一个角是另一个角的补角。若∠1+∠2=180°，则∠1和∠2互补（互为补角）；反之，若已知∠1和∠2互补（互为补角），则可得出∠1+∠2=180°。

补角的性质：同角的补角相等。

注意：补角是两个角之间的关系，如果出现∠1+∠2+∠3=180°的情况，不能说∠1、∠2和∠3互为补角。这种说法是错误的。

（3）"方向角"跟方向有关系。通常我们把正北或者正南的方向线和目标的方向线构成的角（小于90°）叫作方向角。

看一眼就懂的数学常识

表 3-3 角的表示方法常识

图例	表示方法	记法	适用范围
用阿拉伯数字表示		∠1	任何情况都适用
用希腊字母表示		∠α	
用一个大写字母表示		∠O	当以某一点为顶点的角只有一个时，可以用它的顶点表示角。
用三个大写字母表示		∠AOB	任何情况都适用，但需要注意，表示顶点的字母写在中间的位置。

5

两条直线碰撞的火花

　　火车在行驶的过程中是怎么变轨的？为什么要这样做？

　　火车变轨的原理是靠道岔的转换来实现的。铁路工作人员通过控制铁路的道岔来实现轨道的变轨工作。道岔的轨道由两条不同的钢轨构成，两条钢轨之间设置了很多个水平的开口，这种开口叫作变轨节点。当火车行驶到这些变轨节点处时，这些变轨节点会按照指定的方向转动，从而使火车驶入另一条轨道。

　　火车的轨道原本是两条水平的直线，但变轨处出现了相交线，思考一下，相交线和水平线的特点分别是什么？

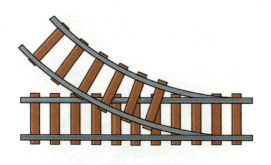

图3-3

相交线的特点

相交线是指在同一平面上两条直线交汇于一点的现象。

相交线的特点：

相交线的交点：两条相交线一定有一个交点，该交点是两条线的公共点。交点的位置可以通过解方程组或几何推理来确定。

相交线的夹角：相交线的两条直线之间会形成一个夹角。可以通过角度的测量和比较来研究相交线的夹角。

垂直交叉：当两条相交线的夹角为90度时，这两条线称为垂直交叉。垂直交叉的特点是它们之间的夹角是直角，即垂直于彼此。

平行线

图3-4

我们每天出门见到的马路或者高速公路的两边呈水平的平行状，这样的这两条直线被称为平行线。我们常见的平行线很多，例如长方形或正方形的对边直线、书本的对边、砖块的对边等。

平行线是指在同一平面上没有交点的两条直线。

平行线的特点：

平行线没有交点：平行线没有公共点，它们在平面上永远不会相交。即使无限延伸，两条平行线也不会相交。

平行线方向相同：平行线具有相同的方向，无论它们有多长，始终保持平行。

平行线的内部夹角和外部夹角：平行线之间的夹角可以分为内部夹角和外部夹角。内部夹角指的是两条平行线之间的夹角，而外部夹角指的是与这两条平行线相交的其他线与这两条平行线之间的夹角。

看一眼就懂的数学常识

表 3-4 相交线和平行线常识

相交线概念	相交线：如果两条直线只有一个公共点，这两条直线为相交线。
表示方法	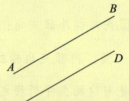
平行线概念	在同一平面内，无限延长且永远不会相交的两条直线叫作平行线。
表示方法	

6

三线八角的判断技巧与运用

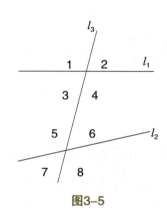

图3-5

　　如图所示，在同一平面内，两条直线被一条直线所截形成的八个角称为"三线八角"。

什么是三线八角?

　　三线八角是几种常见的位置相关角，指同一平面上的两条直线被第三条直线所截形成的八个角，有同位角、内错角、外错角、同

旁内角、同旁外角。

同位角：当两条直线被第三条直线所截，位于这两条直线的同一侧，且在第三条直线的两侧形成的角称为同位角。

内错角：当两条直线被第三条直线所截，位于这两条直线的中间，且在第三条直线的两侧形成的角称为内错角。

同旁内角：当两条直线被第三条直线所截，位于这两条直线的同一侧，且在第三条直线的同侧形成的角称为同旁内角。

看一眼就记得住的知识点

八个角的相对位置

两条直线被第三条直线所截形成的八个角，叫作三线八角。如图 3-5 所示，图中的：l_1，l_2，l_3 和 ∠ 1，∠ 2，∠ 3，∠ 4，∠ 5，∠ 6，∠ 7，∠ 8 就是三线八角。

按上述八个角的相互位置，给以下列不同名称：

（1）同位角：当形成三线八角时，如果有两个角分别在两条直线的同一侧，并且在第三条直线的两侧，这样的一对角叫作同位角。

如图 3-5 中的 ∠ 1 与 ∠ 5、∠ 2 与 ∠ 6、∠ 4 与 ∠ 8、∠ 3 与 ∠ 7 都是同位角。

（2）内错角：如果两个角都在两直线的内侧，并且在第三条直线的两侧，那么这样的一对角叫作内错角。

如图 3-5 中的 ∠ 6 与 ∠ 3、∠ 4 与 ∠ 5 都是内错角。

（3）外错角：如果两个角都在两直线的外侧，并且在第三条直线的两侧，那么这样的一对角叫作外错角。

如图3-5中的∠1与∠8、∠2与∠7都是外错角。

（4）同旁内角：如果有两个角都在两条直线的内侧，并且在第三条直线的同旁，那么这样的一对角叫作同旁内角。

如图3-5中的∠3与∠5、∠4与∠6都是同旁内角。

（5）同旁外角：如果有两个角都在两条直线的外侧，并且在第三条直线的同旁，那么这样的一对角叫作同旁外角。

如图3-5中的∠1与∠7、∠2与∠8都是同旁外角。

注意事项：

同位角、内错角等是成对出现的，不能说"∠5是内错角""∠6是同旁内角"等。不可将三个角的名称混淆!

看一眼就懂的数学常识

表3-5 同位角、内错角和同旁内角的特点常识

名称	与截线的关系	与被截直线的关系
同位角	位于截线的同旁	位于被截直线的同一方向
同旁内角	位于截线的同旁	位于被截直线之间
内错角	位于截线的两旁	位于被截直线之间

7

垂线的自我介绍

看一眼必须收藏的知识点

垂线

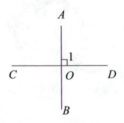

概念：当直线 AB 与直线 CD 相交于点 O，$\angle 1 = 90°$ 时，我们说直线 AB 与直线 CD 互相垂直，记作 $AB \perp CD$。当两条直线互相垂直，其中一条直线叫作另一条直线的垂线，它们的交点叫作垂足，如图所示，$AB \perp CD$，垂足为 O。如图可以推理，因为 $\angle 1 = 90°$，所以 $AB \perp CD$。

性质：

（1）经过一点（已知直线上或者直线外），能画出已知直线的一条垂线，并且只能画出一条垂线，即在同一平面内，过一点有且只有一条直线与已知直线垂直。

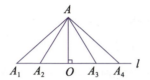

（2）在连接直线外一点与直线上各点的所有线段中，垂线段最短。如图，从 A 点到直线 l 的距离中，垂线段 AO 最短。

直线外一点到这条直线的垂线段的长度，叫作点到直线的距离。

条件：已知在 △ABC 中，∠ABC=90°。

分析：点 A 到直线 BC 有 AB，AC 两条线段，点 C 到直线 AB 有 CA，CB 两条线段。在 △ABC 的三条边中，AC 最长，理由为 ∠ABC=90°，所以 $AB \perp BC$，即点 A 到直线 BC 的距离已经是最短的垂线段 AB。同理可知，点 C 到直线 AB 的距离也是最短的垂线段 CB。三条边中抛开 AB 和 BC，剩下的 AC 就是三条边中最长的。

垂直平分线的定义与性质

1. 定义：经过某一条线段的中点，并且垂直于这条线段的直线，叫作这条线的垂直平分线，简称"中垂线"。

2. 性质：某一条线段的垂直平分线垂直且平分这条线段；垂直平分线上任意一点到线段的两端点的距离相等；三角形的三条边的垂直平分线相交于一点，这个点叫作外心，且这个点到三个顶点的距离相等。

3. 判定：直线过线段中点；直线垂直于线段。（两个条件必须同时满足）

4. 逆定理：到一条线段两个端点距离相等的点，在这条线段的垂直平分线上。简单说就是可以把线段的垂直平分线看成到线段端点的距离相等的点的集合。

5. 应用：

（1）确定点的位置：中垂线定理可以用于确定点的位置。如果一个点到某一条线段的两个端点的距离相等，则这个点必定位于该线段的中垂线上。

（2）几何作图：中垂线定理在几何作图中有广泛的应用。例如，如果我们知道一个圆的圆心和半径就可以使用中垂线定理来画出圆的直径。同样地，如果我们知道一个三角形的顶点和一边的中点，就可以使用中垂线定理来画出该边的垂直平分线，进而确定三角形的外心。

（3）解决实际问题：中垂线定理在解决实际问题中也有广泛的应用。例如，在建筑学中可以使用中垂线定理来确定建筑物的垂直线和水平线的位置；在物理学中可以使用中垂线定理来研究物体的运动轨迹和力的作用点。

看一眼就懂的数学常识

表3-6 垂线、垂线段与中垂线的区别常识

名称	概念
垂线	垂线指两条互相垂直的直线，四个角都是90°，其中一条直线是另一条直线的垂线，它的长度可以无限延长。
垂线段	垂线段主要是线段，和垂线比起来长度是有限的，也可以说垂线段是垂线的一部分。
垂直平分线	线段的垂直平分线，指过线段的中点，并且与这条线段垂直的一条直线。
注意	线段的垂线有无数条，但垂直平分线只有一条。在画图的时候要标注好垂直的符号及垂足的字母符号。

8

图形的相似——位似图

相似图形的概念

相似图形的概念：形状相同的图形叫作相似图形，两个图形相似，其中一个图形可以看作由另一个图形放大或缩小得到。

线段成正比：对于四条线段 a，b，c，d，如果其中两条线段的比（即它们长度的比）与另两条线段的比相等，如 $\dfrac{a}{b}=\dfrac{c}{d}$（即 $ad=bc$），我们说这四条线段成正比例。

比例的性质：

基本性质：如果 $\dfrac{a}{b}=\dfrac{c}{d}$，那么 $ad=bc$。

合比性质：如果 $\dfrac{a}{b}=\dfrac{c}{d}$，那么 $\dfrac{a\pm b}{b}=\dfrac{c\pm d}{d}$。

等比性质：如果 $\dfrac{a}{b}=\dfrac{c}{d}=\cdots=\dfrac{m}{n}$，（$b+d+\cdots+n\neq 0$），那么

$$\frac{a+c+\ldots+m}{b+d+\ldots+n}=\frac{a}{b}。$$

相似多边形的概念：两个边数相同的多边形，如果它们的角分别相等，边成比例，那么这两个多边形叫作相似多边形。

相似比：相似多边形对应边的比叫作相似比。

相似多边形的性质：相似多边形的对应角相等，对应边成比例。

看一眼就记得住的知识点

相似三角形的概念与性质

相似三角形的概念：

在 $\triangle ABC$ 和 $\triangle A'B'C'$ 中，如果 $\angle A = \angle A'$，$\angle B = \angle B'$，$\angle C = \angle C'$，$\dfrac{AB}{A'B'} = \dfrac{BC}{B'C'} = \dfrac{AC}{A'C'} = k$，即三个角分别相等，三条边成正比例，我们就说 $\triangle ABC$ 和 $\triangle A'B'C'$ 相似，相似用符号"∽"表示，读作"相似于"。

$\triangle ABC$ 和 $\triangle A'B'C'$ 相似记作"$\triangle ABC \backsim \triangle A'B'C'$"。

相似三角形的性质：

相似三角形对应高的比，对应中线的比与对应角平分线的比都等于相似比。

相似三角形的对应线段的比等于相似比。

相似三角形面积的比等于相似比的平方。

相似三角形的判定定理与判定思路

相似三角形的判定定理：

判定定理一：平行于三角形一边的直线和其他两边相交，所构成的三角形与原三角形相似。

判定定理二：三边成比例的两个三角形相似。

判定定理三：两边成比例且夹角相等的两个三角形相似。

判定定理四：两角分别相等的两个三角形相似。

判定三角形相似的思路：

有平行截线的条件，就用判定定理一。

有一对等角，需要找另一对等角，或找已知等角的两边对应成比例。

有两边对应成比例，找夹角相等，有一对直角，第三边成比例的条件。

直角三角形，可以找一对锐角相等，两组直角边的比相等或者斜边与一条直角边对应成比例。

等腰三角形，找顶角相等，一对底角相等或底边和一腰的比相等。

位似图形的画图步骤和坐标规律

1. 画位似图形的一般步骤如下：

（1）确定位似中心；

（2）连接位似中心和能代表原图的关键点并延长；

（3）根据位似比，确定能代表所作的位似图形的关键点；

（4）顺次连接上述各点，得到放大或缩小后的图形。

2. 位似图形的坐标变化规律：

（1）位似变换时对应点的坐标的变化规律

在平面直角坐标系中，如果以原点为位似中心，新图形与原图形的相似比为 k，那么与原图形上的点 (x, y) 对应的位似图形上的点的坐标为 (kx, ky) 或 $(-kx, -ky)$。

（2）位似与平移、轴对称、旋转三种变换的联系和区别

位似、平移、轴对称、旋转都是图形变换的基本形式，它们的本质区别在于：平移、轴对称、旋转三种图形变换都是全等变换，而位似变换是相似（扩大、缩小或不变）变换。

（3）平移、轴对称、旋转、位似变换的坐标变化规律

a. 平移变换：对应点的横坐标或纵坐标加上（或减去）平移单位的长度。

b. 轴对称变换：以 x 轴为对称轴则对应点的横坐标相等，纵坐标互为相反数；以 y 轴为对称轴则对应点的纵坐标相等，横坐标互

为相反数。

c. 旋转变换：一个图形绕原点旋转 180° ，则旋转前后两个图形对应点的横坐标与纵坐标都互为相反数。

d. 位似变换：当以原点为位似中心时，变换前后两个图形对应点的横、纵坐标之比的绝对值等于位似比。

看一眼就懂的数学常识

表 3-7 位似常识

概念	如果两个多边形不仅相似，而且对应顶点的连线相交于一点，像这样的两个图形叫作位似图形，这点叫作位似中心。这时我们说这两个图形关于这点位似。
条件	两个图形是相似图形；两个相似图形，每组对应点所在的直线都经过同一个点；对应边互相平行或在同一条直线上。
性质	位似图形的对应点的连线相交于一点。位似图形的对应边互相平行或在同一条直线上。位似图形上任意一对对应点，到位似中心的距离之比等于位似比。

第四章

概念与证明——三角形家族的运算法则

1

三角形有哪些亲戚？

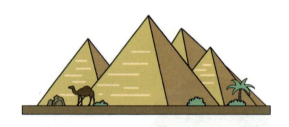

图4-1

从锥形角度来看，金字塔属于四棱锥。但是从平面图的角度来看，金字塔的其中一面就是一个三角形。常见的三角旗、三明治、三角尺等物品也都是典型的三角形。

德国数学家雷格蒙塔努斯在其著作《论各种三角形》中不仅记载了直角三角形的勾股定理、正弦定理、余弦定理，还记载了等腰三角形等知识点。

有人说三角形的起源和天文学有关，这个观点不无道理。比如雷格蒙塔努斯的另一个身份是天文学家，并且还完成了对哈雷彗星的观测。而他的《论各种三角形》一书被很多学者认为是第一部三角形脱离天文学的数学著作。

我国历史上关于三角形的起源也众说纷纭。北宋数学家贾宪写了一本《黄帝九章算经细草》，原书已佚，但其主要内容被南宋的数学家杨辉抄录了下来，后者在其《详解九章算法》中就记载了"贾宪三角"（也称杨辉三角）。可见，三角的基本雏形在宋朝已经产生。当然，不排除还会有更早的记载，这有待继续考证。

看一眼必须背会的知识点

三角形的分类

在数学中，三角形的身影处处可见。三角形的分类主要有两种。

第一种，按角进行分类：

直角三角形、钝角三角形和锐角三角形。

注意：钝角三角形和锐角三角形统称为斜三角形。

在一个三角形当中，有一个角为直角的三角形，叫作直角三角形。在一个三角形当中，如果最大角大于 90°，则它是一个钝角三角形。在一个三角形当中，如果最大角小于 90°，则它是一个锐角三角形。

第二种，按边进行分类：

不等边三角形、等腰三角形、等边三角形。

不等边三角形的三条边都不相等；等腰三角形的三条边中，有两条边是相等的；等边三角形中，三条边都是相等的，且具有等腰三角形的性质。

注意：等边三角形是特殊的等腰三角形，但等腰三角形不一定是等边三角形。

看一眼就记得住的知识点

特殊的三角形

三角形中的特殊三角形主要有等腰三角形、等边三角形和直角三角形。

等腰三角形的特殊之处在于，同一个等腰三角形中，两腰相等，两底角也相等。

在同一个三角形中，等边三角形的三条边都相等，三个底角也相等，都是 60° 角。

在同一个三角形中，直角三角形的两条边互相垂直，叫作直角边，直角对应的那条边叫作斜边，斜边大于任意一条直角边。

注意：任意一个三角形中至少有两个锐角，最多只能有一个直角或钝角。

看一眼就懂的数学常识

表 4-1 三角形的分类常识

判定方法	判定三角形属于哪种分类，看最大角是什么角。
特殊情况	一个三角形可能同时属于两种不同的分类。例如，等腰三角形既可以是等腰三角形，也可以是直角三角形；等边三角形同时也可以是锐角三角形。
分类	第一种，按角进行分类：直角三角形、钝角三角形和锐角三角形。 第二种，按边进行分类：不等边三角形、等腰三角形、等边三角形。

2

三角形的三边关系

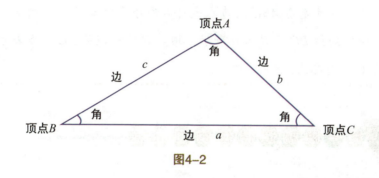

图4-2

三角形的概念：由不在同一直线上的三条线段首尾顺次相接所组成的封闭图形叫作三角形。

如图所示：A，B，C三点，是三角形的顶点，图中的三角形可以记作△ABC，读作三角形ABC。其中，字母的顺序是可以调换的，比如记作△BCA，△BAC，△CBA等都是可以的。

三角形的三要素

三角形主要由顶点、角、边三个要素组成。

（1）顶点：如 A，B，C 三点是三角形的顶点。

（2）角：$\angle A$，$\angle B$，$\angle C$ 是相邻两边组成的角，叫作三角形的内角，也叫三角形的角。任意三角形都有三个顶点、三条边和三个内角。

（3）边：三角形的边一般用大写字母表示，如图4-2，线段 AB，BC，CA 是 $\triangle ABC$ 的边。也可以用小写字母表示，例如顶点 A 所对应的边 BC 可以用 a 表示，顶点 B 所对应的 AC 用 b 表示，顶点 C 所对应的 AB 用 c 表示。

三角形的三边关系

三角形的三边关系：三角形任意两边的和大于第三边，任意两边的差小于第三边。

判断三条线段能否组成三角形，最好的办法就是选两条较短的线段求和，求和的结果只有大于第三条线段的长度，这三条线段才能构成三角形，否则就不能构成三角形。例如：3，4，5 可以构成三角形，因为 $3+4>5$。2，3，7 不能构成三角形，因为 $2+3<7$。

三角形的高、垂心、中线与角平分线

从三角形的一个顶点向它的对边所在直线作垂线，顶点和垂足间的线段叫作三角形的高。

三角形的三条高所在的直线交于一点，这个交点称为三角形的垂心。

锐角三角形的垂心在三角形内部，即三条高都在内部，三条高的交点也在内部；钝角三角形的垂心在三角形的外部，一条高在内部，两条高在外部，且三条高所在的直线交于三角形外部的一个点；直角三角形的垂心在直角顶点处，两条高恰好是三角形的两条直角边，另一条高在三角形内部，三条高的交点是直角顶点。

三角形的中线是在三角形中，连接一个顶点和它的对边中点的线段。

中线把三角形分成面积相等的两个部分。三角形的三条中线交于一点，这个点称为三角形的重心。

三角形的角平分线：三角形的一个内角的平分线与这个角的对边相交，这个角的顶点和交点之间的线段叫作三角形的角平分线。

看一眼就懂的数学常识

表4-2 三角形常识

概念	由不在同一直线上的三条线段首尾顺次相接所组成的封闭图形叫作三角形。一般记作△xxx，如△ABC。
三要素	顶点、角、边。
直角三角形的性质	（1）直角三角形两直角边的平方和等于斜边的平方。 （2）在直角三角形中，两个锐角互余。 （3）在直角三角形中，斜边上的中线等于斜边的一半。 （4）直角三角形的两条直角边的乘积等于斜边与斜边上高的乘积。

3

三角形的内角和与外角和

什么是三角形的内角？以三角形的某一个顶点作为其顶点，以过该顶点的三角形的两条边（但不能是反向延长线）作为它的两条边的角是三角形的内角。三角形内部的三个角都是三角形的内角。

看一眼就记得住的知识点

三角形的内角和定理

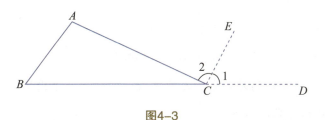

图4-3

三角形的内角和定理：三角形三个内角的和等于180°。

推导方法：

将 △ABC 中的边 BC 延长至点 D，过点 C 作 CE // AB，则

∠1=∠B，∠2=∠A。

∵ ∠ACB+∠1+∠2=180°，

∴ ∠A+∠B+∠ABC=180°。

看一眼必须收藏的知识点

三角形的外角和定理

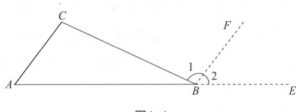

图4-4

概念：三角形的一边与一边的延长线组成的角叫作三角形的外角。

三角形外角定理：

（1）任意一个三角形的外角和等于360°。

（2）三角形的外角等于和它不相邻的两个内角之和。

（3）三角形的外角大于与它不相邻的任何一个内角。

三角形外角和推导：

如图所示，将△ABC中的边AB延长至点E，过点B作BF∥AC，则∠A=∠2，∠C=∠1。

∵ ∠A+∠CBA+∠C=180°，

∴ ∠1+ ∠2+ ∠CBA=180° 。

∵ 三角形外角等于不相邻两个内角和，

∴ 3 个外角的和 ＝2 倍内角和 ＝2×180° ＝360° 。

看一眼就懂的数学常识

表 4-3 三角形的外角和内角常识

角和定理	三角形三个内角的和等于180° 。
	任意一个三角形的外角和等于360° 。
外角与内角的关系	三角形的一个内角与它相邻的外角的和为180° 。
	三角形的一个外角等于与它不相邻的两个内角的和。
	三角形的一个外角大于与它不相邻的任何一个内角。

4

世界上最稳固的图形

四边形的桌子或柜子，通常用久了就会摇摇晃晃，变得不稳固。这个时候用几根木条把桌底或侧柜固定住，形成三角形的支撑，这样就会变得非常稳固。这是什么原因？三角形为什么具有稳定性？

三角形的稳定性

（1）三角形的边长关系

在一个三角形中，任意两边之和大于第三边。这个条件被称为三角形的三边不等式定理。如果三角形的边长不满足这个条件，三角形就无法保持稳定，会发生变形或塌陷。

（2）三角形的角度关系

在一个三角形中，三个内角的和等于180度。这个条件被称为三角形的内角和定理。如果三角形的内角和不等于180度，三角形就无法保持稳定发生变形。

（3）重心位置

三角形的重心是三条中线的交点，位于三角形的内部。重心是三角形的重要特征之一，也是其保持稳定性的关键因素之一。当重心位于三角形的内部时，三角形相对稳定，当重心位于三角形的边上或外部时，三角形就容易失去稳定性。

（4）支撑结构

在实际应用中，三角形的稳定性通常依赖于支撑结构的设计。例如，在桥梁、建筑物和其他结构中，通过使用三角形形状的支撑框架或梁柱系统，可以增加结构的稳定性和承重能力。

看一眼就记得住的知识点

世界上最稳固的建筑

说起世界上最稳固的建筑，咱们国家的上海中心大厦便是其一。它是一座巨型的标志性摩天大厦，位于浦东区的陆家嘴。该大厦地上 127 层，地下 5 层，总高度有 632 米，是世界上第三高楼。它非常稳固，却不是三角形，它是螺旋状，因为这个造型可以延缓风力，并且大厦内部还有一个阻尼器，这个设备也不是三角形，而是由配重物和吊索组成。

阻尼器是大厦得以稳固的重要帮手。2024 年 9 月强台风"贝碧嘉"在上海登陆，阻尼器通过摆动来减缓上海中心大厦的晃动。

大厦的阻尼器最大的摆动幅度可达到 2 米，不仅可以应对台风，在地震中也能发挥一定的作用。

看一眼就懂的数学常识

表 4-4 三角形的稳定性常识

因素	边长、角度、重心位置、支撑结构。
定义	三角形具有稳定性而四边形不具有稳定性。
特点	稳固，坚定，耐压。
举例	金字塔、起重机、钢轨、三角形吊臂等。

5

全等三角形

看到"全等三角形"，很多同学都开始摇头，生活中怎么会常见呢，一点儿印象也没有。其实两个一模一样的三角板、三角形衣架或者三角旗，这不就是我们所说的全等三角形吗？

首先要分清楚全等三角形和等边三角形的概念。等边三角形的重点是在同一个三角形内的三条边都相等，而全等三角形是指两个三角形是全等的，也就是一模一样的，当然这要通过一些定理来判定。

看一眼就记得住的知识点

全等三角形的判定定理

SSS（边边边）：三边对应相等的三角形是全等三角形。

SAS（边角边）：两边及其夹角对应相等的三角形是全等三角形。

ASA（角边角）：两角及其夹边对应相等的三角形全等。

AAS（角角边）：两角及其一角的对边对应相等的三角形全等。

AAA（角角角）：三角相等，不能证全等，但能证相似。

全等三角形判定定理实际运用

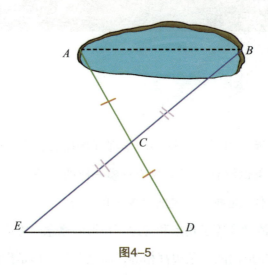

图4-5

问题：如果要求出线段 AB 的长度，但是不能到泥塘中，该怎么测量？

如图所示，首先，我们可以在平地上取一个点 C，形成 $\triangle ABC$。其次，连接 AC 并延长至 D，使 $AC=CD$。同理，连接 BC 延长至 E，使 $CE=CB$。

根据全等三角形的判定定理：SAS（边角边），两边及其夹角对应相等的三角形是全等三角形，即边 CE、$\angle ECD$、边 CD 对应等于边 CB、$\angle ACB$、边 CA，所以 $\triangle CED \cong \triangle ABC$，所以边 $ED=AB$。

最后一步只需要在陆地上计算出 ED 的长度就能得到泥塘内 AB 的长度。

不能验证全等三角形判定的条件

　　AAA（角角角），指两个三角形的任何三个角都对应地相同。这个条件不能判定全等三角形，但能判定相似三角形。

　　在几何学上，当两条线相交时，便会形成一个点和一个角。而且，若该线无限地延长，或无限地放大，该角度都不会改变。同理，两个三角形可以是相似三角形，这两个三角形的关系是放大或缩小，因为即使三角形的边无限地根据比例加长，角度也都会保持不变。因此，**AAA** 并不能判定全等三角形。

看一眼就懂的数学常识

表4-5 全等三角形的性质

概念	经过翻转、平移、旋转后，能够完全重合的两个三角形叫作全等三角形，而且这两个三角形的三条边及三个角都对应相等。
性质	全等三角形的对应角相等。 全等三角形的对应边相等。 能够完全重合的顶点叫对应顶点。 全等三角形的对应边上的高对应相等。 全等三角形的对应角的角平分线相等。 全等三角形的对应边上的中线相等。 全等三角形的面积和周长都分别相等。 全等三角形的对应角的三角函数值相等。

6

等边三角形的判定

　　等边三角形，又称正三角形，其三条边的边长相等，且三个内角均为60°，是特殊的锐角三角形。

　　等边三角形的性质：

　　等边三角形的内角都相等，且均为60°。

　　等边三角形每条边上的中线、高线和所对角的平分线互相重合（三线合一）。

　　等边三角形是轴对称图形，它有三条对称轴，对称轴是每条边上的中线、高线或对角的平分线所在的直线。

　　等边三角形重心、内心、外心、垂心重合于一点，称为等边三角形的中心。（四心合一）

图4-6

看一眼必须背会的知识点

等边三角形的四种判定

等边三角形是指三条边长度相等的三角形。在判定一个三角形是否为等边三角形时，可以使用以下四种方法：

三边相等判定法：如果一个三角形的三条边长度相等，则该三角形为等边三角形。

三角形内角判定法：如果一个三角形的三个内角都为 60 度，则该三角形为等边三角形。

高度判定法：如果一个三角形的三条边上的高相等，则该三角形为等边三角形。

中线判定法：如果一个三角形的三条中线长度相等，则该三角形为等边三角形。

需要注意的是，以上四种判定法都是等价的，即任意一种判定法成立，则三角形为等边三角形。同时，这四种判定法也可以相互推导，例如可以通过三边相等判定法推导出三角形内角判定法。

看一眼就记得住的知识点

等边三角形的计算

1. 等边三角形的计算

（1）面积计算公式：等边三角形的面积可以通过正弦公式来计算。

正弦公式：$S = \dfrac{1}{2} \times a^2 \times \sin 60°$

（2）高计算公式：等边三角形的高可以通过勾股定理求得，即：

$h^2 = a^2 - (\dfrac{a}{2})^2 = \dfrac{3}{4}a^2$，$h = \dfrac{\sqrt{3}}{2}a$。

（3）边长计算公式：$C = 3a$（a 为边长），即 $a = \dfrac{C}{3}$。

2. 等边三角形的应用

等边三角形广泛应用于建筑、设计、物理等多个领域，例如：

在建筑设计中，等边三角形常用于构建立面形状，如烟囱、建筑外观等。

在物理学中，等边三角形可以用来描述光学棱镜的形状，并且在光学实验中有着广泛应用。

在艺术设计中，等边三角形被广泛应用于抽象艺术、装饰设计、绘画元素等方面。

看一眼就懂的数学常识

表 4-6 等边三角形常识

定义	等边三角形是三条边都相等的三角形。它是一种特殊的等腰三角形,即三条边长度相等且两条相对的边等长。等边三角形是轴对称图形,它有三条对称轴。
性质	1. 三条边相等:等边三角形的三条边长度相等,这是其最基本的性质。 2. 三个角相等:等边三角形的三个角都是60°,这也是其最显著的特征之一。 3. 三条中线、三条角平分线、三条垂直平分线重合:等边三角形的三条中线、三条角平分线、三条垂直平分线都重合于一点,这一点称为三角形的内心。 4. 三条高相等:等边三角形的高都相等,且都等于边长的 $\frac{\sqrt{3}}{2}$ 倍。 5. 轴对称:等边三角形是轴对称图形,有三条对称轴。
判定	1. 两边相等且夹角为60°:如果一个三角形的两边长度相等且夹角为60°,则这个三角形是等边三角形。 2. 三边相等:如果一个三角形的三条边长度都相等,则这个三角形是等边三角形。 3. 角相等:如果一个三角形的三个角都相等,则这个三角形是等边三角形。
应用	等边三角形在几何学中有着广泛的应用,如在设计、建筑和艺术等领域。在日常生活中,许多物品和结构的形状都是等边三角形,如金字塔、塔吊和房屋的屋顶等。此外,等边三角形也是许多复杂几何图形的基础,如正多边形和多面体等。

7

等腰三角形的判定

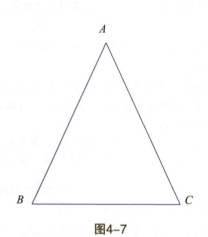

图4-7

等腰三角形的判定定理

如果一个三角形的两个角相等，那么这两个角所对应的边也相等，即等角对等边。

（1）在一个三角形中，如果一个角的平分线与该角对边上的

120

中线重合，那么这个三角形是等腰三角形。

（2）在一个三角形中，如果一个角的平分线与该角对边上的高重合，那么这个三角形是等腰三角形。

（3）在一个三角形中，如果一条边上的中线与该边上的高重合，那么这个三角形是等腰三角形。

（4）有两条角平分线或中线，或高相等的三角形是等腰三角形。

看一眼必须收藏的知识点

等腰三角形的概念与分类

等腰三角形的概念：有两条边相等的三角形是等腰三角形，相等的两条边叫作腰，剩余的一条边叫作底边，两腰的夹角叫作顶角，底边与腰的夹角叫作底角。

等腰三角形的分类：

（1）等腰直角三角形：有一个角是直角的等腰三角形，叫作等腰直角三角形。它是一种特殊的三角形，具有所有等腰三角形的性质，同时又具有所有直角三角形的性质。

（2）等边三角形：三边都相等的等腰三角形。

看一眼就记得住的知识点

等腰三角形的性质

等腰三角形的两个底角度数相等（简写成"等边对等角"）。

等腰三角形的顶角平分线、底边上的中线、底边上的高相互重合（简写成"等腰三角形三线合一"）。

等腰三角形的两底角的平分线相等（两条腰上的中线相等，两条腰上的高相等）。

等腰三角形底边上的垂直平分线到两条腰的距离相等。

看一眼必须背会的知识点

等腰直角三角形

等腰直角三角形的判定定理

（1）有一个角是直角的等腰三角形，或两条直角边相等的直角三角形是等腰直角三角形。

（2）底角为 45° 的等腰三角形是等腰直角三角形。

（3）有一个锐角是 45° 的直角三角形是等腰直角三角形。

（4）三边比例为 $1：1：\sqrt{2}$ 的三角形是等腰直角三角形。

122

看一眼就懂的数学常识

表 4-7 等腰三角形常识

概念	有两条边相等的三角形是等腰三角形。
分类	包括等腰直角三角形、等边三角形。
性质	等腰三角形的两个底角度数相等。 等腰三角形的顶角平分线、底边上的中线、底边上的高相互重合。 等腰三角形的两个底角的平分线相等。 等腰三角形底边上的垂直平分线到两条腰的距离相等。
图示	

8

不得不学的勾股定理

一说起勾股定理，大家的脑海里条件反射出现的数字就是"3，4，5"吧？

这三个数字和勾股定理有什么渊源呢，咱们来看一下勾股定理的起源史。

勾股定理，是一个基本的几何定理，指直角三角形的两条直角边的平方和等于斜边的平方。我国古代称直角三角形为勾股形，并且直角边中较短者为勾，另一较长者为股，斜边为弦，所以称这个定理为勾股定理，也有人称商高定理。

这个定义的提出者有三个人，即毕达哥拉斯、赵爽和商高，后两位都是我国古代著名的数学家。毕达哥拉斯这个人物前面提到过，提出数学史上第一个无理数的概念的希伯索斯就是他的弟子。

看一眼必须背会的知识点

勾股定理的定义与应用

定义：直角三角形两直角边的平方和等于斜边的平方。

如果直角三角形的两条直角边长分别为 a，b，斜边长为 c，那么可以表达为 $a^2+b^2=c^2$。

变式：$a^2=c^2-b^2$，$b^2=c^2-a^2$。

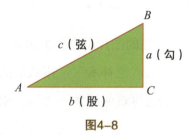

图4-8

勾股定理是直角三角形的一个重要性质，它把三角形有一个直角的"形"的特点转化为三边"数"的关系。勾股定理只在直角三角形中使用，因此要应用勾股定理，必须先构造直角三角形，作高是常用的构造直角三角形的方法。其主要应用如下：

（1）已知直角三角形的任意两边，求第三边；

（2）已知直角三角形的任意一边，确定另两边的关系；

（3）证明包含有平方（算术平方根）关系的几何问题；

（4）构造方程（或方程组）计算有关线段的长度，解决生产、生活中的实际问题。

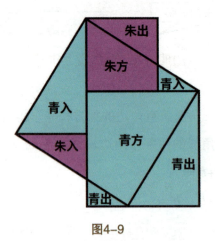

图4-9

图4-9这张看上去很奇怪的图片叫作青朱出入图，是我国东汉末年数学家刘徽发明的，他根据"割补术"运用数形的关系证明了勾股定理的几何证明法。第一眼觉得难的同学不要慌，咱们一起来认识一下这张图的妙处。

据刘徽的著作记载，此图"勾自乘为朱方，股自乘为青方，令出入相补，各从其类，因就其余不动也，合成弦方之幂。开方除之，即弦也"。这段晦涩的文言文主要讲的就是这张图的用法，意思就是一个任意直角三角形，以勾宽作红色正方形即朱方，以股长作青色正方形即青方。将朱方、青方两个正方形对齐底边排列，再以盈补虚，分割线内不动，线外则"各从其类"，以合成弦的正方形即弦方，弦方开方即为弦长。

直角三角形的性质

直角三角形的表示方法：

直角三角形可以用符号"Rt"表示，直角三角形 ABC 可以写作"Rt$\triangle ABC$"。

性质一：直角三角形的两个锐角互余，在$\triangle ABC$中，$\angle C=90°$，则 $\angle A+\angle B=90°$。

性质二：直角三角形斜边上的中线等于斜边的一边。在$\triangle ABC$中，$\angle ACB=90°$，CD 为 AB 边上的中线，则 $CD=\dfrac{1}{2}AB$。

性质三：在直角三角形中，$30°$ 角所对的直角边等于斜边的一半。在$\triangle ABC$中，$\angle C=90°$，$\angle A=30°$，则 $BC=\dfrac{1}{2}AB$。

看一眼就记得住的知识点

勾股定理的逆定理

原命题和逆命题的概念：一般地，如果两个命题的题设、结论正好相反，这样的两个命题就叫作互逆命题。如果把其中一个叫作原命题，那么另一个叫作它的逆命题。

互为逆定理：如果一个定理的逆命题经过证明是正确的，那么它也是一个定理，称这两个定理互为逆命题。

每个命题都有逆命题，但不是所有的定理都有逆定理。

勾股定理的逆定理概念：如果三角形两条边的平方和等于第三条边的平方，那么该三角形是直角三角形。即 $\triangle ABC$ 的三边长分别是 a，b，c，若 $a^2+b^2=c^2$，则 $\triangle ABC$ 是直角三角形，$\angle C$ 为直角。

勾股定理的逆定理是判定一个三角形是直角三角形的一种理论依据，它通过数形结合来确定三角形的形状。在运用这一定理时，可用两短边边长的平方和 a^2+b^2 与长边边长的平方 c^2 进行比较：若 $a^2+b^2=c^2$，则此三角形为直角三角形；若 $a^2+b^2 > c^2$，则此三角形为锐角三角形；若 $a^2+b^2 < c^2$，则此三角形为钝角三角形。

定理中 a，b，c 及 $a^2+b^2=c^2$ 只是一种表达形式，若 $a^2+c^2=b^2$ 则此三角形也是直角三角形，这时 b 为斜边长。

勾股定理的逆定理在用文字叙述时不能说成"当斜边的平方等于两条直角边的平方和时，这个三角形是直角三角形"。

勾股定理是历史上第一个把数和形联系在一起的定理，也就是第一个把几何图形和代数联系在一起的定理。勾股定理也是世界上第一个给出完全解答的不定方程，并引出费马大定理。早在1971年5月15日，尼加拉瓜就发行过一套以"改变世界全貌的十个数学公式"为主题的邮票，这十套公式都是由著名的数学家推选出来的，勾股定理是这套邮票的第二枚。

看一眼就懂的数学常识

表4-8 勾股定理常识

勾股定理的概念	直角三角形两直角边的平方和等于斜边的平方。
表示方法	如果直角三角形的两直角边分别为a，b，斜边为c，则$a^2+b^2=c^2$。
适用范围	勾股定理揭示了直角三角形三条边之间所存在的数量关系，它只适用于直角三角形，因而在应用勾股定理时，必须明了所考察的对象是直角三角形。
实际应用	在使用勾股定理时，必须把握直角三角形的前提条件，了解直角三角形中，斜边和直角边各是什么，以便运用勾股定理进行计算。应设法添加辅助线（通常作垂线），构造直角三角形，以便正确使用勾股定理进行求解。

第五章

最佳搭档——圆和它的特殊好友们

平底锅为什么是圆的?

图5-1

你知道平底锅为什么是圆的吗?

首先,平底锅从中心到圆周的距离均等,也就是圆心到圆边的距离是一样的,因此能够让锅里的食物均匀受热。其次,圆形的锅底比其他形状的锅底更能承受压力,因为食物和锅铲对锅底的压力对于圆形锅底来说是均匀受力,而其他形状的锅底则会因为受力不均匀而不耐用。再次,在同样容积下,圆形锅制作起来比方形锅节省材料。最后,在实践中发现,圆形锅比方形锅好清洗,因为它没有棱角。这样看来,圆形锅妥妥是厨房好帮手!

这一章我们主要探究圆形及它的有关知识点,下面我们先认识一下什么是圆。

先来猜一个关于圆很流行的谜语：什么东西是圆的，大家却说它是方的？

边想边学，稍后揭晓答案。

看一眼就记得住的知识点

认识圆

大家都知道，圆是一个几何图形，它是指平面中到一个定点距离为定值的所有点的集合。我们把这个定点叫作圆的"圆心"，而连接圆心和圆上任意一点的线段叫作圆的半径，通过圆心并且两个端点都在圆周上的线段叫作直径，圆有无数条直径。

圆是怎么画出来的呢？一条线段绕着它的一个端点 O（圆心）在水平面上旋转一周，它的另外一个端点 A 的轨迹就是一个圆。

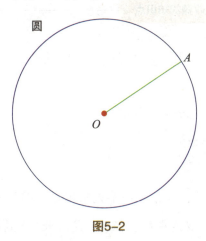

圆

图5-2

古时候人们绘制圆，一般是将一根绳子用木桩固定好，拉直后把

另一头也绑在一根浅浅插进土中的木桩上，然后顺时针或者逆时针旋转这根木桩，旋转一圈就能得到一个圆。现在一般用专门的工具圆规，用尖的一头按住纸，旋转装铅笔的另一头，旋转一圈就可以得到一个圆。

好了，认识了圆，我们揭开谜底。这个谜语的谜底是"方向盘"，你猜对了吗？

春秋战国时期，墨子对圆的描述是"圆，一中同长也"。意思就是圆有一个圆心，圆心到圆周的长度都是相等的。如果要计算圆的周长，必须使用π，而π到底是什么呢？

π的概念：任意一个圆的周长与它直径的比值是一个固定的数，我们把它叫作圆周率，用字母π表示。它是一个无理数，即无限不循环小数，π=3.1415926535897……一般计算中我们取π的近似值，即π≈3.14。

看一眼必须收藏的知识点

圆的周长与面积计算

圆的周长：$C=2\pi r$ 或 $C=\pi d$

圆的面积：$S=\pi r^2$

公式说明：

π是一个固定值，其值是一个无限不循环小数。

r 是圆的半径，d 是圆的直径，C 是周长，S 是面积。

试题：阴影部分是一个正方形，如果这个正方形的面积是18平方米，求圆的面积是多少平方米？（π取3计算）

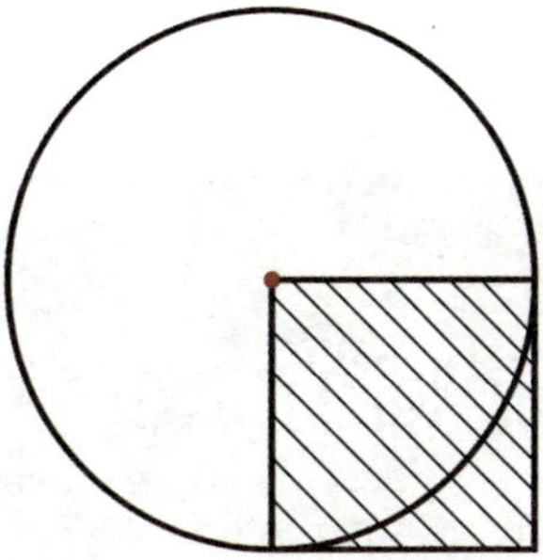

图5-3

解：如图可知，圆的半径等于正方形的边长，而正方形的面积等于边长乘边长，相当于半径×半径=18平方米，代入圆的面积公式$S=\pi r^2$，得$S=3\times18=54$（平方米），所以圆的面积是54平方米。

其实拿到这样的题目时，很多同学都会被图片中的阴影面积吓到，一个圆和一个正方形的结合，看起来很难计算，但是只要掌握我们学过的基础知识，解决这样的问题是很容易的。

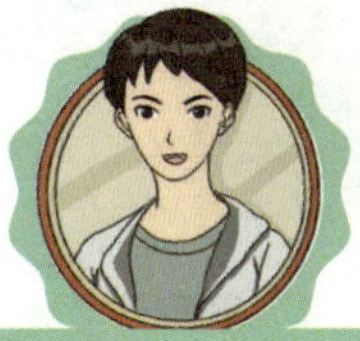

看一眼就懂的数学常识

表 5-1 圆的常识

圆的概念	平面上到定点的距离等于定长的所有点组成的图形叫作圆。定点称为圆心，连接圆心和圆上任意一点的线段称为半径。
周长公式	$C=2\pi r$或$C=\pi d$
面积公式	$S=\pi r^2$
π的计算	π是圆周率，是无限不循环小数，通常只取3.14进行计算。

2

彩虹和圆有什么关系?

图5-4

　　雨后有时候会出现彩虹,因为不是每次雨后都能出现彩虹,所以大家都把看到彩虹当作是一件幸运的事情。彩虹在夏天出现的频率高,冬天很少见到,这是因为彩虹的形成需要阳光的折射和反射等条件。

　　有一次雨后到公园散步,我很幸运地看到了远处的彩虹。当时围观的人都在赞叹大自然的奇妙,只有站在我身旁的两个小男孩在激烈争吵着彩虹的形状。

　　一个穿红色毛衣的小男孩说,彩虹是半圆形的,另一个穿蓝色外套的男孩反驳说，彩虹是圆形的。他们吵得不可开交，直到远处彩虹散去，各回各家。

我们平时看到的彩虹是半圆，为什么说彩虹是圆的呢？

其实，水滴反射阳光，因为水滴是球形的，所以反射出来的光呈圆形。又因为地球是圆的，地平线挡住了彩虹的一部分，所以我们在地面上只能看到彩虹的一部分。如果我们坐飞机的时候遇到彩虹，在高空处就可以看到彩虹圆形的样子。

除了彩虹，日常生活中还有车轮、呼啦圈、井盖、摩天轮等物品是圆形的，你还知道哪些圆形的东西呢？

看一眼就记得住的知识点

圆弧和弦

图5-5

我们通常说的半圆，其实也是圆弧的一种类型。比如常见的雨伞和降落伞等物品也是圆弧形状。

为什么雨伞要设计成弧形而不是方形呢？因为圆弧形的伞可以让气流通过伞上方的路程变远，从而加快气流的速度，气流速度越快压

强越小，伞的下方压强大，形成向上的压强差，伞就不会被吹跑了。

同样，降落伞利用风的原理是基于空气的阻力。降落伞被打开时，空气撑着弧形伞面以此形成阻力，而阻力和物体的重力相互抵消，这样物体下降时就会在空中减速，不至于下落太快造成危险。

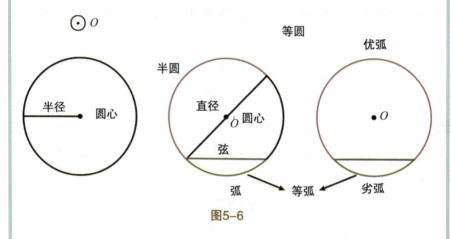

图5-6

圆上任意两点间的部分叫作圆弧，简称弧。大于半圆的弧称为优弧，小于半圆的弧称为劣弧。如果两条圆弧相等，也叫等弧。连接圆上任意两点的线段叫作弦。经过圆心的弦叫作直径。

看一眼就记得住的知识点

圆心角和圆周角

圆心角就是顶点在圆心上，且角的两边与圆周相交的角。圆心角的度数等于它所对应的弧的度数。

弧、弦、圆心角

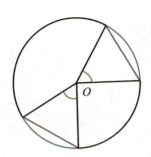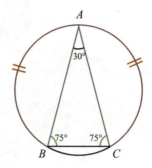

图5-7

　　如图所示，在等圆或同圆中，两个圆心角、两条弧、两条弦的弦心距中，只要有一组量相等，则对应其余的各组量也分别相等。

　　顶点在圆周上，且两边都和圆相交的角叫作圆周角。第一，顶点在圆上；第二，两边都要和圆相交。圆周角的这两个条件缺一不可。

　　圆周角定理：在同圆或等圆中，同弧或等弧所对的圆周角都等于这条弧所对的圆心角的一半。如果一条弧的长是另一条弧的2倍，那么其所对的圆周角和圆心角是另一条弧的2倍。直径所对的圆周角是直角；90°的圆周角所对应的弦是直径。

看一眼就懂的数学常识

表 5-2 弧和弦的常识

名称	概念
弧	圆上任意两点间的部分叫作圆弧，简称弧。 大于半圆的弧叫作优弧；优弧用三个字母表示。 小于半圆的弧叫作劣弧；劣弧用两个字母表示。 注意：半圆既不是优弧也不是劣弧。
弦	连接圆上任意两点的线段叫作弦。 注意：在等圆或同圆中，直径是最长的弦。

3

点、线、圆与圆的位置关系

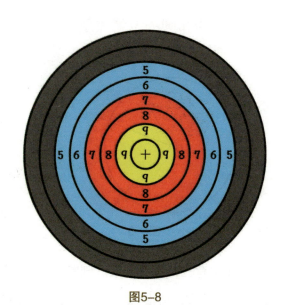

图5-8

射击运动员的靶盘为什么要设计成圆形呢？

对于这个问题有很多种不同的说法。第一种说法是靶盘设计成同心圆的样子从视觉效果方面看更加美观，且同心圆具有对称性，方便射击手在射击的时候判断射击的位置是否准确。第二种说法是圆形的靶盘分数越高半径越短，射击难度也就越大，所以中间的分

数也最高。第三种说法是为了确保分数值相同的区域到达中心距离相同。

靶盘利用的其实就是圆与圆五种位置关系中的内含关系。除了圆和圆的位置关系，还有点和圆、直线与圆的位置关系，接下来让我们一一认识学习。

看一眼必须背会的知识点

点和圆的位置关系

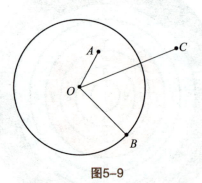

图5-9

如图所示，点和圆有三种位置关系。判断一个点在圆内、圆上还是圆外，要看这个点到圆心的距离与半径 r 的大小关系。

（1）点 A 在圆 O 内，说明 $0 \leq OA < r$。

（2）点 B 在圆 O 上，说明 $OB = r$。

（3）点 C 在圆 O 外，说明 $OC > r$。

看一眼就记得住的知识点

直线和圆的三种位置关系

直线和圆的位置关系

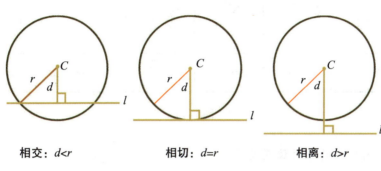

相交：$d<r$ 相切：$d=r$ 相离：$d>r$

图5-10

如图所示，d 为圆心 C 到直线 l 的距离，直线和圆有三种位置关系，分别是相交、相切和相离。

（1）直线和圆有两个公共点的位置关系叫作相交，这条直线叫作圆的割线。直线 l 与 $\odot C$ 相交，且 $d<r$。

（2）直线和圆有且只有一公共点的位置关系叫作相切，这条直线叫作圆的切线，这个唯一的公共点叫作切点。直线 l 与 $\odot C$ 相切，$d=r$。

（3）直线和圆无公共点的位置关系叫作相离。直线 l 与 $\odot C$ 相离，$d>r$。

看一眼必须收藏的知识点

圆和圆的五种位置关系

位置关系	外离	外切	相交	内切	内含
图像	⊙⊙	⊙⊙	⊙⊙	⊙	⊙
关系式	$d>r_1+r_2$	$d=r_1+r_2$	$\|r_1-r_2\|$ $<d<r_1+r_2$	$d=\|r_1-r_2\|$	$d<\|r_1-r_2\|$

图5-11

圆和圆的五种位置关系：

（1）两个圆无公共点，一圆在另一圆之外叫外离。

（2）两个圆有唯一公共点，且一圆在另一圆之外叫外切。

（3）两个圆有两个公共点的叫相交。

（4）两个圆有唯一公共点，且一圆在另一圆之内叫内切。

（5）两个圆无公共点，一圆在另一圆之内叫内含。

注意：两圆的圆心之间的距离叫做圆心距。

设圆心距为d，两圆的半径分别为r_1和r_2，且$r_1>r_2$，则结论：

两圆外离时，圆心距大于两圆的半径之和，即$d>r_1+r_2$；

两圆外切时，圆心距等于两圆的半径之和，即$d=r_1+r_2$；

两圆相交时，圆心距大于两圆半径之差且小于两圆半径之和，即$r_1-r_2<d<r_1+r_2$。

两圆内切时，圆心距等于两圆半径之差，即$d=r_1-r_2$；

两圆内含时，圆心距小于两圆半径之差，即$d<r_1-r_2$；

看一眼就懂的数学常识

表 5-3 点和圆的位置关系

位置关系	图形	定义	性质及判定
点在圆外		点在圆的外部	$d>r \Leftrightarrow$ 点 P 在 $\odot O$ 的外部
点在圆上		点在圆周上	$d=r \Leftrightarrow$ 点 P 在 $\odot O$ 上
点在圆内		点在圆的内部	$d<r \Leftrightarrow$ 点 P 在 $\odot O$ 的内部

4
弧长和扇形面积

　　我国历史上有很多种扇子，比如团扇、折扇、羽扇、雉扇、龚扇等，其中折扇是古装影视剧里最常见的物品之一。翩翩公子或温润如玉的书生基本都配备了一把书香气浓郁的折扇。折扇最初是古人用来扇风祛暑的工具，因其有收展功能，富有变化，且折叠后轻便小巧，深得人们喜爱。历史上还有专门以折扇为武器的扇子武功。如今，我国是世界上生产和出口折扇最多的国家，折扇的文化也被传到世界。

图5-12

　　画折扇的简笔图时，大家都习惯用半圆或者扇形来表示。如果要

计算一个扇形的面积，该怎么算呢？一个简单的扇形由两条边和一条
弧线组成，求扇形面积之前，我们要先学会求弧长。

看一眼必须背会的知识点

弧长的计算方法

弧长 L 的计算公式：$L = \dfrac{n\pi r}{180}$（n 为圆心角度数）

在半径为 r 的圆中，圆心角为 360°，对应的弧长就是圆的周长，

即 360° 的弧长 = 圆周长 $C = 2\pi r$。由此可知，1° 圆心角对应的弧长

是 $\dfrac{2\pi r}{360} = \dfrac{\pi r}{180}$。

因此 $n°$ 的圆心角所对应的弧长公式就是 $L = \dfrac{n\pi r}{180}$。

试题：已知圆心角为 120°，半径 r 为 6 cm，求扇形的弧长。

解：$L = \dfrac{n\pi r}{180} = \dfrac{120 \times 6\pi}{180} = 4\pi$

答：扇形的弧长为 4π cm。

扇形面积的计算

扇形面积：$S = \dfrac{n\pi r^2}{360} = \dfrac{1}{2}Lr$

试题：已知扇形的圆心角为 120°，半径 r 为 6 cm，求扇形的面积。

解：$S = \dfrac{n\pi r^2}{360} = \dfrac{120 \times 6^2 \pi}{360} = 12\pi$

答：扇形面积为 12π cm^2。

看一眼就懂的数学常识

表 5-4 弧长和扇形面积公式

弧长公式	$L = \dfrac{n\pi r}{180}$（n 为圆心角度数）
示意图	

扇形面积公式	$S = \dfrac{n\pi r^2}{360} = \dfrac{1}{2}Lr$
示意图	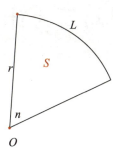

5

甜筒为什么设计成锥形？

　　锥形，是一种几何体形状，主要指上面尖锐，下面圆粗的形状。我们常见的锥形有路障、石膏体圆锥（美术素描）、甜筒壳、斗笠等。如果只强调锥形，那世界上著名的埃及金字塔也是锥形之一，并且是四棱锥。圆锥在日常生活中也不可或缺，沙堆、漏斗、陀螺、斗笠、铅笔头、钻头、铅垂都可以近似地看作圆锥。

图5-13

　　那你知道甜筒为什么要设计成圆锥形状吗？

甜筒之所以设计成圆锥形，是因为这样手拿很方便，卖家装料容易，也不容易撒漏，在计量方面更有把握。下面咱们就来学一学圆锥的侧面积怎么计算。

圆锥侧面积的计算公式

总有同学误以为圆锥是圆柱的一种，这里要注意一下：圆锥不是特殊的圆柱。

什么是圆锥？以直角三角形的一条直角边所在的直线为旋转轴，其余两边旋转而形成的曲面所围成的几何体叫作圆锥。

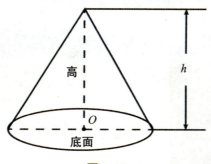

图5-14

圆锥的表面积由侧面积和底面积组成。圆锥有一个底面、一个侧面、一个顶点、一条高和无数条母线，它的底面展开是一个圆形，侧面展开是一个扇形。

圆锥侧面积：$S=\pi rL$（L 为母线长）

看一眼就记得住的知识点

圆锥表面积的计算公式

圆锥表面积：$S=\pi rL+\pi r^2$（L 为母线长）

圆锥底面半径：$r=\dfrac{nL}{360}$（L 为母线长）（r 为底面半径）

看一眼就懂的数学常识

表 5-5 圆锥面积公式

圆锥的高 h	$h=\sqrt{L^2-r^2}$
圆锥底面周长 C	$C=2\pi r=nL$
圆锥侧面积 $S_{侧}$	$S_{侧}=\pi rL$
圆锥表面积 $S_{表}$	$S_{表}=\pi r^2+\pi rL$

6

垂径定理

早在大约公元前300年，欧几里得就已经提出垂径定理。垂径定理是圆的重要性质之一，是证明圆内线段、角相等以及垂直关系的重要依据，对于研究圆及其计算具有重要意义。

看一眼必须收藏的知识点

什么是垂径定理？

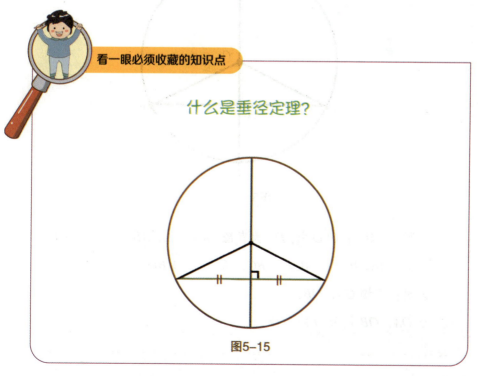

图5-15

垂径定理：垂直于弦的直径平分这条弦，并且平分弦所对的两条弧。

垂径逆定理：平分弦（不是直径）的直径垂直于弦，并且平分弦所对的两条弧。

 看一眼就记得住的知识点

垂径定理的证明

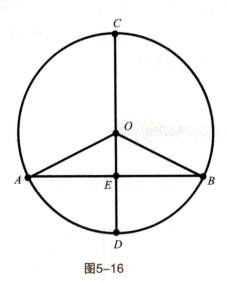

图5-16

例题：如图，在⊙O中，DC为直径，AB是弦，$AB \perp DC$于点E。

求证：$AE=BE$，弧AC=弧BC，弧AD=弧BD

证明：连接OA，OB，

∵ OA，OB是⊙O的半径，

154

∴ $OA=OB$，

∴ △ OAB 是等腰三角形。

∵ $AB \perp DC$，

∴ $AE=BE$，∠ $AOE=$ ∠ BOE，（等腰三角形三线合一）

∴ ∠ $AOD=$ ∠ BOD，

∴ ∠ $AOC=$ ∠ BOC，

∴ 弧 $AD=$ 弧 BD，

∴ 弧 $AC=$ 弧 BC。

看一眼就懂的数学常识

表 5-6 垂径定理

垂径定理	弦的垂直平分线经过圆心，并且平分弦所对的两条弧。 平分弦（不是直径）的直径垂直于弦，并且平分弦所对的两条弧。

7

正多边形与圆

如果一个正多边形有$n(n \geqslant 3)$条边，则该正多边形就叫正n边形。等边三角形有三条边，叫正三角形；正方形有四条边，叫正四边形。那矩形是正多边形吗？为什么？菱形是正多边形吗？为什么？

其实矩形不是正多边形，因为边不一定相等。菱形不是正多边形，因为角不一定相等。

注意，正三角形、正四边形、正五边形、正六边形都是轴对称图形。正n边形都是轴对称图形，都有n条对称轴，但只有边数为偶数的正多边形才是中心对称图形。

圆内接多边形是否包括多边形？

回答：包括正多边形。

看 一 眼 就 记 得 住 的 知 识 点

正多边形的概念

我们把一个正多边形的外接圆的圆心叫作这个正多边形的中

心，外接圆的半径叫作正多边形的半径，正多边形每一边所对的圆心角叫作正多边形的中心角，中心到正多边形的一边的距离叫作正多边形的边心距。

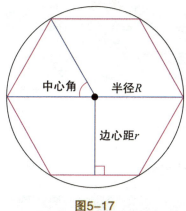

图5-17

圆内接正多边形的辅助线，如图 5-18 所示。

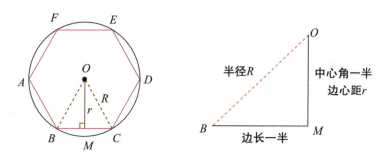

1. 连半径，得中心角；

2. 作边心距，构造直角三角形。

图5-18

看一眼就懂的数学常识

表5-7 正多边形常识

正多边形边数	内角	中心角	外角
3	60°	120°	120°
4	90°	90°	90°
6	120°	60°	60°
n	$\dfrac{(n-2)\times 180°}{n}$	$\dfrac{360°}{n}$	$\dfrac{360°}{n}$

正多边形的
外角=中心角

8

切线那些小秘诀

一般地，在平面几何图形中，如果一条直线和圆只有一个公共点（切点），这条直线叫作圆的切线。切线主要用于作垂直证明半径或作半径证明垂直。

看一眼就记得住的知识点

切线的判定方法和性质

切线的判定方法：经过半径外端并且垂直于这条半径的直线是圆的切线。

切线的性质：

经过切点垂直于过切点的半径的直线是圆的切线。

经过切点垂直于切线的直线必经过圆心。

圆的切线垂直于经过切点的半径。

切线长定理：若从圆外一点到圆的两条切线的长相等，则该点与圆心的连线平分两条切线的夹角。

割线定理：与切割线定理相似——同圆上两条割线 m，n 交于 P 点，割线 m 交圆于 A_1，B_1 两点，割线 n 交圆于 A_2，B_2 两点，则 $PA_1 \cdot PB_1 = PA_2 \cdot PB_2$。

切割线定理：圆的一条切线与一条割线相交于 P 点，切线交圆于 C 点，割线交圆于 A，B 两点，则有 $PC^2 = PA \cdot PB$。

看一眼就懂的数学常识

表5-8 切线的性质

切线的性质	（1）切线和圆只有一个公共点。 （2）切线和圆心的距离等于圆的半径。 （3）切线垂直于经过切点的半径。 （4）经过圆心垂直于切线的直线必过切点。 （5）经过切点垂直于切线的直线必过圆心。

9

内切圆与外接圆的特点

看一眼必须收藏的知识点

内切圆与外接圆的定义与性质

内切圆定义：与多边形各边都相切的圆叫作多边形的内切圆。

内切圆性质：在三角形中，三个角的角平分线的交点是内切圆的圆心，圆心到三角形各个边的垂线段相等；正多边形必然有内切圆，而且其内切圆的圆心和外接圆的圆心重合，都在正多边形的中心。

外接圆定义：经过三角形的三个顶点可以做一个圆，这个圆叫作三角形的外接圆。

外接圆性质：有外心的图形，一定有外接圆；外接圆圆心到三角形各个顶点的线段长度相等。

有关内切圆和外接圆的特点总结：

（1）一个三角形有唯一确定的外接圆（三点确定一圆）和内切圆。

（2）内切圆的圆心是三角形各内角平分线的交点，到三角形三边距离相等。

（3）外接圆的圆心是三角形各边垂直平分线的交点，到三角形三个顶点距离相等。

（4）$R=2S\triangle \div L$（R：内切圆半径，$S\triangle$：三角形面积，L：三角形周长）。

（5）两个相切圆的连心线（连心线：两个圆心相连的直线）过切点。

看一眼必须背会的知识点

内切圆与外接圆的关联与区别

关联：

内切圆和外接圆的半径都等于多边形边心距的一半，即 $r=\dfrac{s}{2}$，其中 r 为内切圆的半径或外接圆的半径，s 为多边形的边心距。

区别：

（1）内切圆是与多边形的边相切的圆，其圆心到边的距离等于半径；

（2）外接圆是与多边形的各顶点都相切的圆，其圆心到各顶点的距离等于半径。

试题一：判断一下，若一个三角形的内切圆半径为r，则它的外接圆半径一定为$2r$，是否正确？

答案：错。只有当三角形是直角三角形时，外接圆半径才等于内切圆半径的两倍。对于其他类型的三角形，外接圆半径不一定等于$2r$。

试题二：选择题，一个正方形的内切圆和外接圆的半径之比为（　　　）。

A. 1:2　B. $\sqrt{2}$:2　C. 1:$\sqrt{2}$　D. 1:$\sqrt{3}$

答案：C。正方形的内切圆的直径等于正方形的边长，而正方形的外接圆的直径等于正方形的对角线，所以它们的半径之比为1:$\sqrt{2}$。

内切圆和外接圆是初中数学中几何部分的重要概念，也是学习圆和多边形关系的基础。这两个概念在解决实际问题时有广泛应用，理解并掌握它们的定义和性质对于提高学生的数学素养和解决实际问题的能力具有重要意义。

看一眼就懂的数学常识

表 5-9 内切圆与外接圆常识

内切圆	通常是针对另一个圆来说的，如果一个圆在另一个大圆的内部，两个圆只有一个公共点，这个圆就叫作大圆的内切圆。
外接圆	通常是针对一个凸多边形来说的，如三角形，若一个圆恰好过三个顶点，这个圆就叫作三角形的外接圆，此时圆正好把三角形包围。
作图方法	做三角形三条边的垂直平分线(两条也可，两线相交确定一点)。以线段为例，可以看作是三角形一边。分别以两个端点为圆心，适当长度（相等）为半径做圆（只画出与线段相交的弧即可），再分别以两交点为圆心，等长为半径（保证两圆相交）做圆，过最后的两个圆的两个交点做直线，这条直线垂直且平分这条线段，亦即线段的垂直平分线。

第六章

多边形家族

1

多边形

看一眼就记得住的知识点

多边形的概念

概念：在平面内，由一些线段首尾顺次相接组成的封闭图形叫作多边形。

看到多边形这个概念，有的同学可能会疑惑，最简单的多边形有几条边呢？一条边或两条边的图形有没有？一条边只是一条线，不能组成图形，同理，两条边最多只能组成一个角，并不能组成一个平面图形。所以最简单的多边形是从三角形开始的。

多边形可以按照构成它的线段的条数分成三角形、四边形、五边形、六边形等。由此，我们可以说，一个多边形由几条线段组成，那么这个多边形就叫作几边形。例如，一个多边形由8条线段组成，我们就把这个多边形叫作八边形。

多边形的内角与外角

多边形的内角：多边形内相邻两边组成的角就是多边形的内角。

多边形的内角和：n 边形的内角和等于 $(n-2) \times 180°$ 。

计算多边形的内角和时，我们可以把多边形划分为多个三角形，把多边形的问题转换为解决三角形的问题，这样解决起来就会简单一些。

注意：n 边形的内角和会随着边数的增加而增加，并且每增加一条边，这个多边形的内角和就会增加 $180°$ 。

多边形的外角：多边形的边与它相邻的边的延长线组成的角叫作多边形的外角。

多边形的外角和：多边形的外角和等于 $360°$ 。

注意：多边形的外角和与边的数量无关。多边形的每一个内角和它相邻的外角组成了邻补角，也就是 n 边形的内角和 + 外角和 $= n \cdot 180°$ ，即：

多边形的外角和 $= n \cdot 180° - (n-2) \cdot 180° = 360°$ 。

正多边形的概念与性质

概念：各个角都相等，各条边都相等的多边形叫作正多边形。

注意：想要判定正多边形，必须同时满足以上两个条件，二者缺一不可。

看一眼就懂的数学常识

表6-1 多边形的对角线

概念	连接多边形不相邻的两个顶点的线段叫作多边形的对角线。
公式	$\dfrac{n(n-3)}{2}$
公式推导	第一步，选取n边形的一个顶点，过这个顶点有$(n-3)$条对角线。 第二步，n边形有n个顶点，因此对角线共有$n(n-3)$条。 第三步，$n(n-3)$中每条对角线都被计算了两次。 第四步，多边形的对角线数量$=\dfrac{n(n-3)}{2}$或$\dfrac{1}{2}n(n-3)$。
公式举例	试题：请计算八边形的对角线总数有几条。 答：设八边形对角线总数有x条。 把$n=8$代入公式$\dfrac{1}{2}n(n-3)$得： $x=\dfrac{n(n-3)}{2}$ $\ \ =\dfrac{1}{2}\times8(8-3)$ $\ \ =20$条

2

平行四边形

平行四边形的概念

概念：两组对边分别平行的四边形叫作平行四边形。从概念中看，平行四边形需要满足两个条件，第一个条件是"四边形"，第二个条件是"平行"（两组对边分别平行），并且这两个条件缺一不可。

基本元素：角、边、对角线。

符号：  （注意，这个符号不能单独使用。）

一般把平行四边形 *ABCD* 记作" ▱*ABCD*"，读作"平行四边形 *ABCD*"。

表示平行四边形时一定要按照顺时针或者逆时针的方向依次标注好各顶点。

平行四边形的判定定理

判定平行四边形有五种方法，但每一种方法都需要根据实际的条件来选择使用。例如，在四边形中，一组对边相等，另一组对边平行，这样是不能判定这个四边形一定是平行四边形，有可能是等腰梯形。因此，在审题过程中要认真找出题目中的已知条件，再结合平行四边形的判定定理来判定是否属于平行四边形。

从角来判定：①两组对角分别相等的四边形是平行四边形。

从边来判定：②两组对边分别平行的四边形是平行四边形；③两组对边分别相等的四边形是平行四边形；④一组对边平行且相等的四边形是平行四边形。

从对角线判定：⑤对角线互相平分的四边形是平行四边形。

平行四边形的性质

平行四边形具备了普通四边形的一切性质。

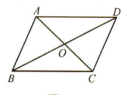

图6-1

从平行四边形的基本元素看它的性质:

角:平行四边形的两组对角分别相等,邻角是互补关系。

如图,根据平行四边形角的性质可得: $\angle ABC = \angle ADC$,
$\angle BAD = \angle BCD$; $\angle ABC + \angle BAD = 180°$, $\angle ADC + \angle BCD = 180°$。

边:平行四边形的两组对边分别平行且相等。

如图 6-1,四边形 $ABCD$ 是平行四边形。从这个已知条件可以得出: $AD = BC$,且 $AD \parallel BC$; $AB = DC$,且 $AB \parallel DC$。

对角线:平行四边形的对角线互相平分。

如图 6-1, $\frac{1}{2}AC = OA = OC$, $\frac{1}{2}BD = OB = OD$。

看一眼就懂的数学常识

表6-2 常见的四边形

名称	图例	特点
平行四边形		两组对边分别平行,两组对角分别相等。
正方形		四条边相等且四个角都是直角。既有矩形特点也有菱形特点。
矩形		四边形是平行四边形,且一个角是直角。
菱形		有一组邻边相等的平行四边形。

3 矩形

看一眼就记得住的知识点

矩形的概念与性质

概念：有一个角是直角的平行四边形是矩形。

从概念来看，矩形有两个条件，第一个条件是有一个角是直角，第二个条件是这个四边形必须是平行四边形。这两个条件结合起来就是矩形，也就是我们所说的长方形。

性质：①矩形的四个角都是直角。②矩形的对角线相等。

看一眼必须收藏的知识点

矩形的判定定理

定理一：有一个角是直角的平行四边形是矩形。

定理二：有三个角是直角的四边形是矩形。

定理三：对角线相等的平行四边形是矩形。

看一眼就记得住的知识点

矩形的判定定理的应用

矩形判定定理的应用：在平行四边形的基础上，增加"一个角是直角"或"对角线相等"的条件即可判定该平行四边形为矩形；在四边形的基础上，只要有三个角是直角（第四个角必是直角），则可判定该四边形为矩形。

矩形的性质的应用主要体现在以下几个方面：

（1）"矩形的四个角都是直角"这一性质可用来证两条线段互相垂直或角相等。

（2）"矩形的对角线相等"这一性质可用来证线段相等。

（3）矩形被两条对角线分成四个等腰三角形，因此计算问题可以结合等腰三角形性质和矩形的直角特性解决。

（4）折叠前后的两个三角形全等也是常用到的知识。

看一眼就懂的数学常识

表6-3 矩形的对称性常识

矩形是轴对称图形，有两条对称轴且对称轴都是过对边中心的直线；
矩形是中心对称图形，对角线的交点为对称中心。
矩形的对称中心是它的两条对称轴的交点。

第六章 多边形家族

4

菱形

菱形的概念与性质

概念：有一组邻边相等的平行四边形叫作菱形。

性质：①菱形的四条边都相等。②菱形的对角线互相垂直且每一条对角线平分一组对角。

菱形是特殊的平行四边形，所以有一组邻边相等的四边形不一定都是菱形，必须同时满足既是平行四边形又有一组邻边相等的条件。

看一眼必须收藏的知识点

计算菱形的面积

菱形的两条对角线可以把菱形分成四个全等的直角三角形，并

174

且它们的高和底分别是这个菱形两条对角线的一半，这个时候就可以利用三角形的面积公式推导出菱形的面积等于它的对角线乘积的一半。尤其要注意，采用这个方式推导时，一定不能忘记写 $\frac{1}{2}$。

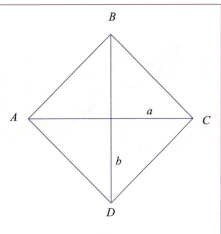

图6-2

菱形的面积公式：$S_{\text{菱}} = \frac{1}{2} ab$

或 $S_{\text{菱}} = \frac{1}{2} AC \cdot BD$

这里的 a，b 指菱形两条对角线，除了用一个小写字母表示，也可以用两个大写字母表示，如图所示字母。此外，只要是对角线垂直的四边形都可以适用这个菱形的面积公式。

看一眼就懂的数学常识

表6-4 菱形的判定定理

判定定理	定理一：有一组邻边相等的平行四边形是菱形。
	定理二：对角线互相垂直平分的四边形是菱形。
	定理三：对角线互相垂直的平行四边形是菱形。

5

正方形

正方形的概念与性质

概念：四条边都相等并且四个角都是直角的四边形就是正方形。或者说，正方形是一个角是直角的菱形或邻边相等的矩形。正方形具有一组邻边相等的矩形性质，又满足一个角是直角的菱形性质，因此正方形既是矩形又是菱形。

正方形的性质：

角：四个角都是直角。

边：正方形的两组对边平行，且四条边都相等。

对角线：两条对角线互相垂直平分且相等，每条对角线平分一组对角。

对称性：正方形是轴对称图形，有四条对称轴；正方形也是中心对称图形，两条对角线的交点是对称中心。

看一眼必须收藏的知识点

正方形的判定定理

正方形有两条判定定理：

定理一：有一个角是直角的菱形是正方形。

根据这条判定定理，首先需要判断一个四边形是不是一组邻边相等的平行四边形，如果条件成立，那就能判定它是一个菱形，接下来再判定它是否有一个直角或者看它的对角线是否相等。只要符合菱形的性质，再加上一个角是直角，就能判定这个四边形是正方形。

定理二：有一组邻边相等的矩形是正方形。

矩形其实就是我们常说的长方形，也就是有一个角是直角的平行四边形。当满足这样的条件时，首先要判定这个四边形是矩形，再看它是否有一组邻边相等或者看它的对角线是否互相垂直。

看一眼就懂的数学常识

表 6-5 平行线间的距离

概念	两条直线平行，一条直线上任意一点到另一条直线的垂线段的长度叫作平行线间的距离。
性质	两条平行线间，一条直线上所有的点到另一条直线上的距离都相等。两条平行线间，任何两条平行线段都相等。

6

梯形

梯形的概念

梯形的概念：一组对边平行，另一组对边不平行的四边形叫作梯形。

梯形的组成要素：

底：梯形中平行的一组对边叫作梯形的底。

腰：梯形中不平行的一组对边叫作梯形的腰。

梯形的分类：一般梯形和特殊梯形。特殊梯形又分为直角梯形和等腰梯形。

直角梯形：有一个角是直角的梯形。

等腰梯形：两腰都相等的梯形。

看一眼就记得住的知识点

等腰梯形的性质与判定

等腰梯形的性质：两底平行，两腰相等；等腰梯形的同一底边上的两个角相等；等腰梯形的两条对角线相等。

等腰梯形的判定定理：

两腰相等的梯形是等腰梯形；对角线相等的梯形是等腰梯形；在同一底边上的两个角相等的梯形是等腰梯形。

注意：等腰梯形同一底上的两个角相等，但是不能说成"等腰梯形两底上的角相等"。等腰梯形的同一底边上两个角既可能是下底边上的两个角，也可能是上底边上的两个角。等腰梯形同一腰上的两个角互补。

看一眼就懂的数学常识

表 6-6 梯形的辅助线作法常识

思路	要解决梯形问题，通常添加辅助线将其转化为平行四边形与三角形的组合图形，再运用相关知识加以解决。

方法	作高：使两腰在两个直角三角形中，如图①；
	平移对角线：使两条对角线在同一个三角形中，如图②；
	延长两腰：构造具有公共角的两个三角形，如图③；
	等积变形：连接梯形一腰的端点和另一腰的中点并延长，与底边的延长线交于一点，构造三角形，如图④；
	平移腰：过上底端点作一腰的平行线，构造一个平行四边形和一个三角形，如图⑤；
	过上底中点平移两腰：过上底中点作两腰的平行线，构造两个平行四边形和一个三角形，如图⑥。
图例	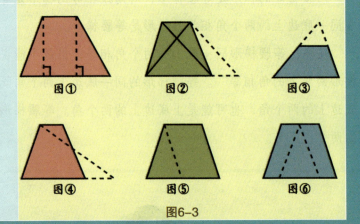

图6-3

第七章

轴对称与旋转——变化多端的图形

1

过山车算不算平移?

　　游乐场里面最受顾客喜欢的娱乐项目之一就是过山车，那过山车算不算进行平移运动呢?

　　过山车在轨道上运行并非简单的平移运动。虽然它在轨道上做的是一种周期性的运动，但这种运动包含了垂直和水平的复合向量，因此不能将其完全视为平移运动。

　　平移，作为一种几何变换，指的是在同一平面内，将一个图形沿某一方向移动一定的距离，而保持其形状和大小不变。然而，过山车在运行时，不仅沿轨道进行线性前后移动，还经历大幅度的上下起伏、弯曲旋转等剧烈的空间姿态变化。特别是在起伏不定的轨道段，过山车会经历显著的垂直升降运动，这显然超出了平移变换仅改变位置而不改变方向和形态的定义范围。

　　因此，根据运动特征和几何变换的定义，我们可以判断过山车的运行不是简单的平移，而是一种包含平移成分在内的复杂动态轨迹，即过山车在轨道上的运动是一种既包含平移又包含旋转、升降等多元变化的复合运动。

看一眼必须背会的知识点

平移的概念与性质

概念：在平面内，把一个图形沿着某个方向移动一定的距离，这个图形的这种移动叫作平移。平移后得到的新图形中，每一点都是由原图形中的某一点移动后得到的，这样的点叫作对应点。

性质：平移后得到的新图形与旧图形相比，第一，它们对应的线段平行且相等；第二，它们的对应角相等；第三，它们对应点的连线平行且相等。

平移后的图形只是移动了位置，并不会改变原图形的形状、方向、大小、角度、长短等元素。例如，一个水杯放在桌子左边的位置，现在将其向右直线移动 20 厘米，这个水杯虽然改变了位置，但是并不会改变它自身的大小、颜色、重量等元素。

注意：确定一个平移运动的条件是平移的方向和距离。（平移的两个要素）

平移的方向就是图形前后对应点的射线方向；平移的距离就是对应点之间的线段长度。

看一眼就记得住的知识点

平移的作图方法

第一步：确定平移的方向和距离。

第二步：找出表示原图形的对应点。

第三步：过原图形对应点作平行且等距的线段，作出新图形的对应点。

第四步：按照图形的顺序依次连接对应点，作出新图形。

看一眼必须收藏的知识点

平移的实践应用

平移是指在平面上沿某个方向将图形移动一定距离。平移现象在生活和科技中有很多应用，以下是一些例子：

建筑工程：在建筑工程中，平移技术常用于大型建筑物的移动和重新安装。这种技术可以确保建筑物在移动过程中不受损坏，并且可以在新的位置上进行重新使用。

机械制造：在机械制造领域，平移技术常用于将工件从一个位置移动到另一个位置。这可以提高生产效率，减少人工搬运的成本和风险。

自动化生产线：在自动化生产线中，平移技术常用于将产品从一个生产阶段移动到另一个生产阶段。这可以确保生产线的连续性和稳定性，提高生产效率。

图像处理：在图像处理中，平移技术常用于图像的平移。这可以帮助调整图像的位置和角度，使其更符合实际需求。

物理学研究：在物理学研究中，平移现象也具有重要意义。例如，在研究物体的运动规律时，平移可以被视为一种基本的运动形式。

总之，平移现象在生活和科技中有着广泛的应用，涉及建筑工程、机械制造、自动化生产线、图像处理和物理学研究等领域。随着技术的不断发展，平移现象的应用也将不断拓展和优化。

看一眼就懂的数学常识

表 7-1 平移的常识

概念	把一个图形整体沿着某条直线的方向移动一定的距离，这样的图形运动叫作平移。
基本元素	平移的方向和平移的距离。
性质	平移不改变图形的性质、大小、方向，只改变图形的位置。 平移后，新旧两个图形是全等的。 平移后，图形对应线段平行且相等。 平移后，图形的对应角相等。
对应点	一般地，平移时原图形上所有的点都沿着同一个方向移动相同的距离，而原图形上的点A平移后可以用点A'表示，这样的点A和点A'叫作对应点。

2

当轴对称遇上对称轴

轴对称与对称轴的区别

轴对称：如果一个图形沿着一条直线折叠，能够与另一个图形完全重合，就说这两个图形关于这条直线（成轴）对称。

轴对称图形和对称轴：如果一个平面图形沿着一条直线折叠，直线两旁的部分能够完全重合，我们就把这个图形叫作轴对称图形，这条直线就叫作对称轴，折叠重合的对应点就叫作对称点。

注意：①轴对称图形是针对一个图形的折叠对称，沿这个图形的对称轴折叠，图形的两个部分重合，而它的对称轴可能不止一条。②轴对称是相对于两个图形而言，是指两个图形之间有对称关系，而它们的对称轴只有一条。③对称轴不是线段或射线，它是一条直线。

看一眼必须收藏的知识点

轴对称的性质

性质一：如果两个图形关于某条直线对称，它们就是全等图形。

性质二：如果两个图形关于某条直线对称，那么对称轴是任何一对对应点所连线段的垂直平分线。

性质三：如果两个图形关于某条直线对称，则它们的对应线段或对应线段的延长线相交，且交点在对称轴上。

看一眼必须背会的知识点

画轴对称图形的方法

轴对称变换的概念：由一个平面图形得到它的轴对称图形叫作轴对称变换。轴对称变换的实质就是图形的翻折，翻折前后（即成轴对称）的两个图形全等。

轴对称变换的性质：由一个平面图形可以得到与它关于一条直线 *l* 对称的图形，这个图形与原图形的形状、大小完全相同。新图形上的每一点都是原图形上的某一点关于直线 *l* 的对称点，连接任意一对对应点的线段被对称轴垂直平分。

画轴对称图形的方法：几何图形都可以看作由点组成，对于某些图形，只要画出图形中的一些特殊点（如线段的端点）的对称点，

连接这些对称点，就可以得到原图形的轴对称图形。

画一个图形的轴对称图形的方法：

找：在原图形上找特殊点 (如线段的端点)。

作：作各个特殊点关于对称轴的对称点。

连：依次连接各对称点。

看一眼就懂的数学常识

表 7-2 常见的轴对称图形

名称	图例	对称轴数量
线段	——	2条
角	<	1条
正方形	□	4条
长方形	▭	2条
等腰三角形	△	1条
等边三角形	△	3条

3

旋转

旋转的概念与性质

旋转的概念：在平面内，将一个图形绕某个定点转动一个角度，这样的运动叫作图形的旋转。这个定点叫作旋转中心，转动的角度叫作旋转角。

图形的旋转是平面图形上的每一点在平面上绕着某个固定点旋转固定角度的位置移动，其中对应点到旋转中心的距离相等，对应线段的长度、对应角的大小相等，旋转前后图形的大小和形状没有改变。

旋转对称中心：把一个图形绕着一个定点旋转一个角度后，与原图形重合，这种图形叫作旋转对称图形，这个定点叫作旋转对称中心，旋转的角度叫作旋转角（旋转角大于0°，小于360°）。

旋转的性质：

（1）旋转前后的图形全等。

（2）对应点到旋转中心的距离相等。

（3）对应点与旋转中心连线段的夹角等于旋转角。（0°＜旋转角＜360°）

看一眼必须收藏的知识点

旋转作图的方法

第一步：确定图形的旋转方向、旋转中心与旋转角。

第二步：找到连接原图形的对应点（关键点）。

第三步：作出原图形上对应点旋转后新图形上的对应点。

第四步：按照图形顺序连接对应点，得到旋转后的新图形。

看一眼必须背会的知识点

关于图形旋转方向的误区

旋转前后的两个图形全等，但是全等的两个图形不一定能够通过旋转得到。

图形旋转经常会出现的误区就是图形的方向。

图形的旋转不像图形的平移，平移最重要的元素之一就是方向，平移的方向不能改变，但图形的旋转要改变方向。比如，表达的时候需要说清楚"某个平面图形沿着旋转中心顺时针或者逆时针旋转多少度"，这里的方向不管是顺时针还是逆时针都必须写清楚。

看一眼就懂的数学常识

表 7-3 平移、轴对称和旋转的区别

名称	区别	联系
平移	平移的变换前后，两个图形对应的线段平行，对应角的两边分别平行，平移的方向一致。	它们都在平面内进行图形变换；都只改变了图形的位置，不改变图形的形状、大小，即变换前、后图形的对应边相等，对应角相等。
轴对称	如果轴对称图形的对应线段或它的延长线相交，那么交点在对称轴上。成轴对称的两个图形的对应点的连线被对称轴垂直平分。	
旋转	旋转前后，两个图形的任意一点对应点与旋转中心所连线段的夹角都等于旋转角。	

4

中心对称

中心对称与中心对称图形

中心对称的概念：如果一个图形绕着某点旋转180° 能够与另一个图形重合，那么这两个图形关于这个点对称或者中心对称。这个点就是对称中心。而这两个图形在旋转后能够重合的对应点叫作关于对称中心的对称点。

中心对称的性质：中心对称的两个图形是全等图形；中心对称的两个图形的对称点所连线段都经过对称中心，并且被对称中心平分。

中心对称图形的概念：把一个图形沿着某个点旋转180° ，旋转后的新图形与原图形重合，那么这个图形就叫作中心对称图形，这个点就是它的对称中心。

常见的中心对称图形有线段、平行四边形、圆等。

中心对称和中心对称图形的区别：

中心对称的对象是两个图形，但中心对称图形只是针对一个图形。中心对称主要指两个图形的位置关系，而中心对称图形是指具有某种性质的一个图形。

看一眼必须背会的知识点

中心对称的应用

中心对称在几何学中具有重要的应用，主要包括以下几个方面：

图形变换：中心对称可以用来研究旋转等几何变换的性质。例如，一个图形经过旋转和反射后，如果仍然保持与原图形的中心对称关系，那么这个图形就是中心对称的。

图形识别：中心对称的性质可以帮助我们识别一些特殊的图形。例如，如果一个图形关于某一点旋转 180° 后能与自身重合，那么这个图形就是中心对称图形，如平行四边形、圆等。这种性质在图形设计和识别中非常有用。

解决几何问题：中心对称的性质可以用来解决一些几何问题。例如，在证明两个三角形全等时，如果两个三角形关于某一点中心对称，那么它们就是全等的。这种性质在几何证明和计算中非常有用。

总的来说，中心对称在几何学和代数学中都有广泛的应用，它可以帮助我们更好地理解和研究图形的性质和变换。

中心对称图形有没有对称轴?

中心对称图形不一定有对称轴,有一个对称中心。对称中心是将图形旋转180°后能够与原图重合的点。与此不同,轴对称图形有对称轴,对称轴是一条直线,将图形分为两部分,这两部分在直线两侧对称。

所以,对于中心对称图形,我们讨论的是对称中心,而不是对称轴。在确定中心对称图形的对称中心时,我们通常通过观察或计算来找到这个点。例如,对于一些规则的图形(如圆、正方形等),对称中心往往就是它们的几何中心。而对于一些不规则的图形,则可能需要通过一些计算或几何构造的方法来确定对称中心。

在理解和应用中心对称的性质时,区分对称中心和对称轴是非常重要的。对称中心是中心对称图形的核心特征,而对称轴则是轴对称图形的特征。这两种对称性在几何学和日常生活中都有广泛的应用。

看一眼就懂的数学常识

表7-4 中心对称图形常识

中心对称图形的应用	在艺术和建筑设计中，中心对称是一个重要的构图原则。许多古代和现代的艺术作品、建筑物都采用了中心对称的设计方式，以达到和谐、平衡和美观的效果。例如，古希腊建筑中的中心对称结构、中国古代建筑中的中心对称布局等，都是中心对称在艺术和建筑设计中的典型应用。

5

尺规作图

尺规作图是指用没有刻度的直尺和圆规来作图。这种作图方式起源于古希腊的数学课题，要求只使用直尺和圆规，并且只准许使用有限次，来解决不同的平面几何作图题。

看一眼必须背会的知识点

尺规作图的概念

在尺规作图中，直尺必须没有刻度，且只能使用直尺的固定一侧，只可以用来将两个点连在一起，不可以在上面画刻度。另外，圆规可以开至无限宽，但上面不能有刻度，只可以拉开成之前构造过的长度。

尺规作图包含许多类型的题目，例如作一条线段等于已知线段、作已知线段的中点、作一个角等于已知角、已知三边作三角形等。这些题目都可以通过运用尺规作图的基本规则和方法来解决。

尺规作图不仅是一种数学课题，更是一种数学文化。它体现了数学的简洁性、精确性和美感，也是培养学生几何思维和实践能力的重要手段之一。

看一眼就记得住的知识点

尺规作图的基本工具和基本规则

直尺是尺规作图中用于绘制直线和测量长度的工具。它通常是一根直线条，不带有刻度。在尺规作图中，直尺只能用于连接两点或沿直线移动。

圆规是尺规作图中用于绘制圆弧和确定圆心位置的工具。它通常由两只脚和一根可伸缩的针脚组成。使用圆规时，我们首先将针脚固定在一点上，然后调整两脚之间的距离，使另一只脚在另一点上接触纸面，从而绘制出圆弧。

在进行尺规作图时，我们需要遵循以下基本规则：

直线长度：使用直尺连接两点时，必须保证直尺边缘与纸面紧密贴合，且两点间的连线必须是直线。

角度测量：在测量角度时，应使用直尺和圆规的组合来构造角平分线或角度的等分线。此外，还可以利用已知的角来构造新的角。

线段相交：当两条线段相交时，它们的交点必须是唯一的。这意味着在作图过程中，我们不能随意改变线段的方向或长度，以免影响交点的位置。

圆和圆弧的绘制：使用圆规绘制圆或圆弧时，必须确保针脚固定在圆心或圆弧的起点上，并且两脚之间的距离（即半径）保持不变。

构造平行线：构造平行线时，我们可以利用直尺和圆规的组合来找到一个与已知直线平行的新位置。这通常涉及在已知直线上选取两点，然后使用圆规在这两点上绘制等大的圆弧，连接这两个圆弧的交点，得到的新直线就是与已知直线平行的。

看一眼必须收藏的知识点

尺规作图培养逻辑思维

明确规则与步骤：在开始作图之前，首先要明确尺规作图的规则和步骤。任何图形的绘制都需要遵循一定的逻辑和顺序。

培养注意力集中：尺规作图要求将注意力集中在细节上。在绘图过程中，一个小小的失误可能会导致整个图形的不准确。

鼓励精确测量：在使用直尺和圆规时，鼓励精确构造。即使是微小的差距也可能导致最终结果的差异。

分解复杂图形：对于复杂的图形，先将其分解为更简单的部分，然后逐步完成。这有助于理解问题的结构，并学会如何有条理地解决问题。

综上所述，尺规作图不仅是一种绘图技巧，更是一种有效的教育方法。通过明确的规则、精确的测量、有序的步骤、反思与改进等步骤，可以有效地培养逻辑思维和精确性。

看一眼就懂的数学常识

表7-5 尺规作图常识

基本规则	工具使用：只能使用没有刻度的直尺和圆规。 作图精确：每一步都需要精确无误，否则最终图形可能会偏离预期。 逻辑清晰：作图需要遵循一定的顺序和逻辑，不能随意跳跃步骤。
以绘制一个等边三角形为例	选择一点作为起点：用直尺在纸上确定一个点A。 确定边长：用直尺量取一定长度，并用圆规以点A为中心，该长度为半径画弧。 确定第二个顶点：在弧上任取一点B，并用圆规以B为中心，同样长度画弧，与前一条弧相交于点C。 连接顶点：用直尺连接点A，B和C，得到等边三角形ABC。

6

投影

投影的概念与分类

投影的概念：一般地，用光线照射物体，在某个平面（地面、墙壁等）上得到的影子叫作物体的投影。其中，照射光线叫作投影线，投影所在的平面叫作投影面。

投影的分类：平行投影（包含正投影）、中心投影。

看一眼就记得住的知识点

平行投影的概念与特征

平行投影的概念：太阳光线可以看成平行光线，像这样的光线所形成的投影称为平行投影。

平行投影的特征：

等高的物体垂直于地面放置时，同一时刻，它们在太阳光下的影子一样长。

等长的物体平行于地面放置时，同一时刻，它们在太阳光下的影子一样长，并且都等于物体的本身的长度。

不等高的物体垂直于地面放置时，同一时刻，它们在太阳光下的物高与影长成比例。其理论依据是相似三角形对应边成比例，AB，DE 分别是物体的高，BC，EF 是相应的影长。

看一眼必须背会的知识点

中心投影的概念与特征

中心投影的概念：由同一点（点光源）发出的光线形成的投影叫作中心投影。如：蜡烛、探照灯、手电筒、路灯、白炽灯、台灯等的光线都可以看成是从一个点发出的，以它们为光源所形成的投影就属于中心投影。

中心投影的特征：

等高的物体垂直地面放置时，如图 7-1 所示，在灯光下，离点光源近的物体的影子短，离点光源远的物体的影子长。

如果把等长的物体平行于地面放置时，如图 7-2 所示，一般情况下，离点光源越近，影子越长；离点光源越远，影子越短。注意，它们都大于物体本身的长度。

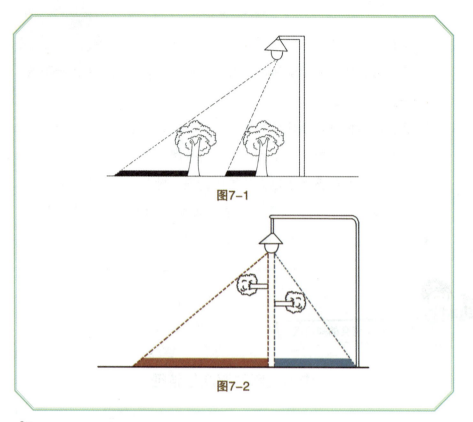

图7-1

图7-2

正投影的概念与特征

正投影的概念：投影线垂直于投影面产生的投影叫作正投影，正投影是平行投影的一种特殊情况，它不可能是中心投影。

正投影的性质：

（1）线段的正投影

当线段 AB 平行于投影面时，它的正投影是线段 A_1B_1，它们的

大小关系为 $AB=A_1B_1$。

当线段 AB 倾斜于投影面时，它的正投影是线段 A_2B_2，它们的大小关系为 $AB>A_2B_2$。

当线段 AB 垂直于投影面时，它的正投影是一个点 $A_3（B_3）$。

（2）平面图形的正投影

当平面图形平行于投影面时，它的正投影与这个平面图形的形状、大小一样，即正投影与这个平面图形全等。

当平面图形倾斜于投影面时，它的正投影与这个平面图形的形状、大小不完全一样，即会缩小，是类似图形但不一定相似。

当平面图形垂直于投影面时，它的正投影成为一条线段。

（3）正方体的正投影

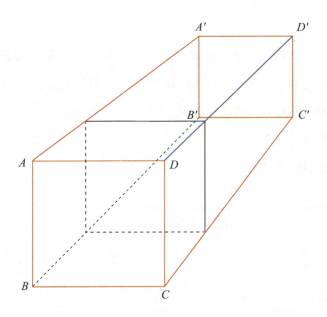

当正方体的一个面 $ABCD$ 平行于投影面时，正方体的正投影为

A'B'C'D'，它与正方体的一个面是全等关系。

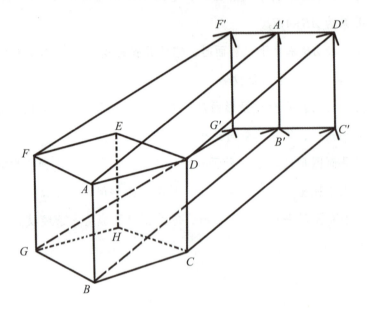

　　当正方体的一个面 *ABCD* 倾斜于投影面，上底面 *ADEF* 垂直于投影面，并且上底面的对角线 *AE* 垂直于投影面时，正方体的正投影为矩形 *F'G'C'D*，这个矩形的长等于正方体的底面对角线长，矩形的宽等于正方体的棱长，矩形上、下两边中点的连线 *A'B'* 是正方体的侧棱 *AB* 及它所对的另一条侧棱 *EH* 的投影。

第八章

方程（组）与不等式（组）

1

方程和等式

看一眼必须背会的知识点

方程的概念

概念：一般地，像 $3x-6=10$，$\frac{1}{2}x=1$ 等含有未知数的等式叫作方程。一个方程式子必须同时满足"含有未知数""是等式"这两个条件。

注意：方程一定是等式，但等式不一定是方程。

方程的解：使方程中等号左右两边相等的未知数的值叫作方程的解，只含有一个未知数的方程的解，叫作方程的根。

解方程：求方程的解的过程叫作解方程。

等式的概念与性质

等式的概念：把相等的式子（至少两个）通过等号连接形成的新式子叫作等式。

等式的性质一：等式两边加（或减）同一个数（或式子），结果仍相等。即如果 $a=b$，$a\pm c=b\pm c$。

等式的性质二：等式两边乘以同一个数，或除以同一个不为 0 的数，结果仍相等。即如果 $a=b$，那么 $ac=bc$；如果 $a=b(c\neq 0)$，那么 $\dfrac{a}{c}=\dfrac{b}{c}$。

看一眼必须收藏的知识点

认识等量关系

等量关系指的是两个量之间相等的关系，这种关系在数学式中通常表现为含有等号的表达式。在日常活动中，我们经常会遇到各种等量关系。例如，在购物找零时，如果我们给出 10 元钱换回 2 元零钱，那么就可以说给了 10 元而找回 2 元，这 10 元与 2 元之间就存在一个等量关系：给出的钱数减去找回的钱数应该等于实际支付的商品价格。在这个例子中，10 元与 2 元之间的等量关系用数

学式表示即为：10 − 2 = 商品价格。

　　在解决数学问题时，找出并利用等量关系是至关重要的。比如，在代数方程中，我们常常利用等量关系设立未知数，并找出含有等号的方程，通过解方程找出未知数的值。又如，在几何学中，面积、周长、体积等公式内部都蕴含着等量关系，比如三角形的面积公式（底乘以高再除以二）就体现了底、高和面积之间的等量关系。此外，在解决实际问题时，等量关系还体现在诸多方面。

看一眼就懂的数学常识

表 8-1 方程与等式常识

名称	概念	区别与联系
方程	含有未知数的等式叫作方程。一个式子是方程，要满足两个条件：一是等式，二含有未知数。	方程一定是等式，并且含有未知数。方程是特殊的等式。
等式	用等号来表示相等关系的方程叫作等式。等式的主体是相等关系。	等式不一定是方程，因为等式不一定含有未知数。方程和等式是从属关系，且有不可逆性。

2

一元一次方程

看一眼就记得住的知识点

一元一次方程的概念

概念：一般地，只含有一个未知数（元），未知数的次数是1，等号两边都是整式的方程叫作一元一次方程。

一元一次方程的条件有三个：第一，只含有一个未知数；第二，未知数的次数都是1；第三，是整式方程。这三个条件缺一不可。

注意：未知数 x 出现在分母位置上时，不是一元一次方程，因为一元一次方程的条件是等式两边是整式。

列方程的三个环节：

第一，审题。提取问题中的数量信息，正确理解问题中表示数量关系的关键性词语，比如多、少、分、倍、增加、减少等，这些词语体现了其中的数量关系。

第二，分析。整理好问题中的数量关系，分析时可借用表格、

图形等辅助工具。

第三，建模。设出未知数 x，并用含有未知数的代数式表示出其他未知量，将问题转化为方程，可直接或间接设未知数。

看一眼必须背会的知识点

合并同类项和移项

合并同类项的概念：将等号同侧的含有未知数的项和常数项分别合并成一项。

系数化为 1：在方程的两边同时除以未知数的系数，系数化为 1 的依据是等式两边乘以同一个数，或除以同一个不为 0 的数，结果仍相等。

合并同类项的目的：把方程化为 "$ax=b(a \neq 0)$" 的形式，进一步求出一元一次方程的解。

移项的概念：把等式一边的某项变号后移到另一边，叫作移项。移项必须变号。

移项的依据是等式两边加（或减）同一个数（或式子），结果仍相等。

移项的目的：通常把含有未知数的各项都移到等号的左边，而把不含有未知数的各项都移到等号的右边，使方程更接近于 $x=a$（常数）的形式。

看一眼就记得住的知识点

去括号和去分母的方法

解一元一次方程——去括号

概念：解方程的过程中，把方程中含有的括号去掉的过程叫作去括号。

解方程中的去括号法则：将括号外的因数连同前面的符号看作一个整体，运用分配律和有理数的乘法法则，与括号内的各项相乘。

当括号外的因数是正数时，去括号后各项的符号与原括号内相应各项的符号相同。

当括号外的因数是负数时，去括号后各项的符号与原括号内相应各项的符号相反。

去括号的目的：与移项、合并同类项、系数化为 1 等变形相结合，最终将一元一次方程转化为 $x=a$（常数）的形式。

解一元一次方程——去分母

概念：把一元一次方程的各项都乘以所有分母的最小公倍数，依据等式的性质二使方程中的分母变为 1。

去分母的依据：去分母的依据是等式的性质二，即等式两边乘以同一个数，或除以同一个不为 0 的数，结果仍相等。在方程两边都乘以所有分母的最小公倍数，使方程的系数化为整数。

看一眼就懂的数学常识

表 8-2 解方程的实际应用类型

基本过程	要解决实际问题，先要找出等量关系，即设出未知数，并列方程，解出一元一次方程，得到解，再根据实际问题来检验答案。
一般步骤	审：审题分析题目中的已知条件和需要求的问题，明确各数量之间的关系。 设：使用x来表示未知数，其他的未知数用含有x的整式来表示。 列：根据题目中的相等关系列出方程。 解：解出方程，求出未知数x的值。 检：检验得到的解是否符合问题的实际意义。 答：写出题目的答语，注意不要漏写"答"字。
注意事项	使用去分母的方法时，不要漏乘不含分母的项。如果分子是一个多项式，去分母后应该加上括号。 使用去括号的方法时，不要漏掉括号中的任何一项，不能弄错符号。 合并同类项中，字母及其指数不变。 在化系数为1时，不要把分子、分母颠倒。

3

二元一次方程

二元一次方程及方程组概念

二元一次方程的概念：含有两个未知数，并且含有未知数的项的次数都是 1 的方程叫作二元一次方程。二元一次方程必须满足 3 个条件：有且只有两个未知数；含未知数的项的次数是 1；是整式方程。例如：$x+y=22$ 是二元一次方程。

二元一次方程组的概念：有两个未知数，含有每个未知数的项的次数都是 1，并且一共有两个方程的方程组叫作二元一次方程组。二元一次方程组中的"二元"和"一次"都是针对整个方程组而言的，即在整个方程组中，有两个未知数，并且含有未知数的项的次数都是 1。

二元一次方程的解的概念：一般地，使二元一次方程两边的值相等的两个未知数的值，叫作二元一次方程的解。

二元一次方程的解的个数：一般情况下，一个二元一次方程有无数个解。如方程 $x+y=18$ 的解可以是 $\begin{cases} x=1, \\ y=17 \end{cases}$ 或 $\begin{cases} x=2, \\ y=16 \end{cases}$ 等。

二元一次方程的解的检验：

检验一组数是不是某个二元一次方程的解时，可将这组数代入到方程中，若这组数满足该方程（即使方程左右两边相等），就说这组数是该二元一次方程的解，否则不是该二元一次方程的解。

二元一次方程组的解的概念：一般地，二元一次方程组的两个方程的公共解，叫作二元一次方程组的解。

注意：书写方程组的解时，必须用"$\{$"把各个未知数的值连接在一起。即写成 $\begin{cases} x=a, \\ y=b \end{cases}$ 的形式。

二元一次方程组的解的检验：

检验一组数是不是某个二元一次方程组的解时，可将这组数代入方程组中的每个方程，只有当这组数满足其中的所有方程时，才能说这组数是此方程组的解。

看一眼必须收藏的知识点

代入与加减——消元法

消元思想的概念：

二元一次方程组中有两个未知数，如果消去其中一个未知数，那么就会把二元一次方程组转化为我们熟悉的一元一次方程，我们可以先求出一个未知数，然后再求另一个未知数，这种将未知数的个数由多化少、逐一解决的思想，叫作消元思想。

代入消元法：

代入消元法简称代入法，指把二元一次方程组中一个方程的一个未知数用含另一个未知数的式子表示出来，再代入另一个方程，实现消元，进而求得这个二元一次方程组的解。

代入消元法解二元一次方程组的步骤：

变：选一个系数比较简单的方程进行变形，变成 $y=ax+b$ 或 $x=ay+b$ 的形式。

代：将 $y=ax+b$ 或 $x=ay+b$ 代入另一个方程，消去一个未知数，从而将另一个方程变为一元一次方程。

解：解这个一元一次方程，求出 x 或 y 的值。

回代：将已求出的 x 或 y 的值代入方程组中的任意一个方程或 $y=ax+b$ 或 $x=ay+b$，求出另一个未知数。

联：把求得的两个未知数的值用 "{" 联立起来，这样就得到二元一次方程组的解。

加减消元法：

当二元一次方程组的两个方程中同一未知数的系数相反或相等时，把这两个方程的两边分别相加或相减，就能消去这个未知数，得到一个一元一次方程，这种方法叫作加减消元法，简称加减法。

加减消元法解二元一次方程组的步骤：

化：将方程组中的方程化为有一个未知数系数的绝对值相等的

形式。

加减：根据其系数特点将变形后的两个方程相加或相减，得到一元一次方程。

解：解这个一元一次方程，求出一个未知数的值。

回代：把求得的一个未知数的值代入原方程组中较简单的一个方程，求出另一个未知数的值。

联：把求得的两个未知数的值用"$\{$"联立起来，这样就得到二元一次方程组的解。

看一眼必须背会的知识点

常见的列方程的类型

（1）配套问题

配套问题中的基本关系：若 m 个 A 和 n 个 B 配成一套，则 $\dfrac{A\text{的数量}}{B\text{的数量}} = \dfrac{m}{n}$，可得相等关系：$m \times B$ 的数量 $= n \times A$ 的数量。

（2）等积变换问题

解这类题的关键是要抓住：形变体积不变，即物体的形状改变了，但是所占体积不变，利用体积相等列式即可。

（3）工程问题

数量关系及公式：工作量 = 工作效率 × 工作时间；工作效率 =

工作量 ÷ 工作时间；工作时间 = 工作量 ÷ 工作效率。

相等关系：一般情况下，把总工作量设为 1。

（4）利润问题

寻找相等关系的方法：抓住价格升降对利润率的影响来考虑。

基本数量关系：商品利润 = 商品售价 − 商品进价；售价 = 标价 × 折扣。

$$商品利润率 = \frac{商品利润}{商品进价} \times 100\%。$$

（5）储蓄问题

基本数量关系：利息 = 本金 × 利率 × 期数。

本息和 = 本金 + 利息 = 本金 + 本金 × 利率 × 期数。

（6）数字问题

寻找相等关系的方法：抓住数字间或新数、原数之间的关系，常需设间接未知数：设一个两位数的十位上的数字和个位上的数字分别为 a 和 b，则这个两位数可以表示为 $10a+b$。

（7）涉及两个未知数的实际问题

先找出关于未知量的两个相等关系，并根据其中一个相等关系，用含有一个未知量的式子表示另一个未知量；再根据题意及所得关系式列方程。

就记得住的数学趣读 看一眼 SHUXUE

看一眼就懂的数学常识

表 8-3 行程问题常识

常见问题	概念
相遇问题	甲走的路程+乙走的路程=两地的距离。
追及问题	同地不同时出发：前者走的路程=追者走的路程。 同时不同地出发：前者走的路程+两者相距距离=追者走的路程。
航行问题	基本量、基本数量关系：路程=速度×时间，顺水速度=静水速度+水流速度，逆水速度=静水速度-水流速度。 找相等关系的方法：抓住两个码头之间的距离不变、水流速度不变、船在静水中的速度不变等特点来考虑。

4

一元二次方程

一元二次方程的概念

概念：等号两边都是整式，只含有一个未知数（一元），并且未知数的最高次数是2（二次）的方程叫作一元二次方程。一元二次方程必须同时满足以下三个条件：整式方程；只含有一个未知数；未知数的最高次数是2。

一元二次方程的一般形式是：$ax^2+bx+c=0(a \neq 0)$。其中 ax^2 是二次项，a 是二次项系数；bx 是一次项，b 是一次项系数；c 是常数项。

对于方程 $ax^2+bx+c=0$，只有当 $a \neq 0$ 时才是一元二次方程，反过来，如果说 $ax^2+bx+c=0$ 是一元二次方程，则必蕴含着 $a \neq 0$ 这个条件。

一元二次方程的根：

使方程左右两边相等的未知数的值就是这个一元二次方程的解，一元二次方程的解也叫作一元二次方程的根。利用方程的根求待定系数时，只需将方程的根代入原方程再解关于待定系数的方程。

看一眼必须背会的知识点

解一元二次方程的方法

直接开平方法：

如果 $x^2=25$，则 $x=\pm\sqrt{25}$，即 $x=\pm5$，像这种根据平方根的意义通过直接开平方求一元二次方程的解的方法叫作直接开平方法。

一般地，对于方程 $x^2=p$：

当 $p>0$ 时，方程有两个不等的实数根 $x_1=-\sqrt{p}$，$x_2=\sqrt{p}$。

当 $p=0$ 时，方程有两个相等的实数根 $x_1=x_2=0$。

当 $p<0$ 时，因为对任意实数 x，都有 $x^2\geq0$，所以方程无实数根。

配方法：

通过配成完全平方形式来解一元二次方程的方法叫作配方法。用配方法解方程是以配方为手段，以直接开平方法为基础的一种解一元二次方程的方法。

用配方法解一元二次方程的一般步骤：化二次项系数为1；使方程左边为二次项和一次项，右边为常数项；方程两边都加上一次项系数一半的平方，原方程变为 $(x+n)^2=p$ 的形式；如果右边是非负数就可用直接开平方法求出方程的解。

公式法：

解一元二次方程时，可以先将方程化为一般形式 $ax^2+bx+c=0(a \neq 0)$，当 $b^2-4ac \geq 0$ 时，一元二次方程 $ax^2+bx+c=0$ 的实数根可写为 $x = \dfrac{-b \pm \sqrt{b^2-4ac}}{2a}$ 的形式，这个式子叫作一元二次方程 $ax^2+bx+c=0$ 的求根公式。利用求根公式解一元二次方程的方法叫作公式法。由求根公式可知，一元二次方程最多有两个实数根。

利用公式法解一元二次方程 $ax^2+bx+c=0$ 的一般步骤：

将一元二次方程整理成一般形式；

确定公式中 a，b，c 的值；

求出 b^2-4ac 的值；

当 $b^2-4ac \geq 0$ 时，将 a，b 的值及 b^2-4ac 的值代入求根公式即可；

当 $b^2-4ac<0$ 时，方程无实数根。

一元二次方程根的判别式的应用主要有以下三种情况：

不解方程，由根的判别式的正负性及是否为 0 可直接判定根的情况。

根据方程根的情况，确定方程中字母系数的取值范围。

应用判别式证明方程根的情况（有实根、无实根、有两个不相等实数根、有两个相等实数根）。

因式分解法：

将一元二次方程先因式分解，使方程化为两个一次式的乘积等于 0 的形式，再使这两个一次式分别等于 0，从而实现降次，这种

解一元二次方程的方法叫作因式分解法。

用因式分解法解一元二次方程的一般步骤：

移项：将方程的右边化为 0；

化积：将方程的左边分解为两个一次式的乘积；

转化：令每个一次式分别为零，得到两个一元一次方程。

求解：解这两个一元一次方程，它们的解就是原方程的解。

看一眼就懂的数学常识

表 8-4 一元二次的常用题型常识

类型	数量关系、相等关系
数字问题	若一个两位数的十位、个位上的数字分别为 a，b，则这个两位数表示为 $10a+b$；若一个三位数的百位、十位、个位上的数字分别为 a，b，c，则这个三位数表示为 $100a+10b+c$。
平均增长（降低）率问题	设 a 为起始量，b 为终止量，n 为增长（降低）的次数，平均增长率公式为 $a(1+x)^n=b$（x 为平均增长率），平均降低率公式为 $a(1-x)^n=b$（x 为平均降低率）。
面积（体积）问题	将不规则图形分割或组合成规则图形。找出未知量与已知量的内在联系，根据面积（体积）公式列出一元二次方程。
传染问题	传染源+第一轮被传染数+第二轮被传染数=第二轮被传染后的总数。

5

不等式与不等式组

不等式的概念

概念：用符号"<"或">"表示大小关系的式子叫作不等式，像n+5不等于n−5这样用符号"≠"表示不等关系的式子也是不等式。

常见的不等号及其意义：

"≠"读作不等于，主要表示两个量之间的关系是不相等的，但是不能明确哪个大哪个小。

">"读作大于，表示左边的量比右边的量大。

"<"读作小于，表示左边的量比右边的量小。

"≥"读作大于等于，表示左边的量不小于右边的量，可能是大于，也可能是等于。

"≤"读作小于等于，表示左边的量不大于右边的量，可能是小于，也可能是等于。

不等式的性质

不等式的性质一：

不等式两边加（或减）同一个数（或式子），不等号的方向不变。即如果 $a > b$，那么 $a \pm c > b \pm c$。

不等式的性质二：

不等式两边乘（或除以）同一个正数，不等号的方向不变。即如果 $a > b$，$c > 0$，那么 $ac > bc$（或 $\dfrac{a}{c} > \dfrac{b}{c}$）。

不等式的性质三：

不等式两边乘（或除以）同一个负数，不等号的方向改变。即如果 $a > b$，$c < 0$，那么 $ac < bc$（或 $\dfrac{a}{c} < \dfrac{b}{c}$）。

不等式的相关性质：

对称性：若 $a > b$，则 $b < a$。

传递性：若 $a > b$，$b > c$，则 $a > c$。

若 $|a| - |b| > 0$，则 $a^2 > b^2$。

若 $a > b \geqslant 0$，则 $\sqrt{a} > \sqrt{b}$。

看一眼必须背会的知识点

不等式的解和解集

不等式的解：使不等式成立的未知数的值叫作不等式的解。

不等式的解集：一般地，一个含有未知数的不等式的所有的解，组成这个不等式的解集，求不等式的解集的过程叫作解不等式。

用数轴表示不等式的解集时，应注意两点：

一是"边界点"，如果边界点包含在解集中，则用实心圆点，如果边界点不包含在解集中，则用空心圆圈；

二是"方向"，相对于边界而言，大于向右，小于向左，同时还应善于运用逆向等思维，即通过读数轴写出对应不等式的解集。

看一眼就懂的数学常识

表 8-5 不等式与等式性质异同常识

名称	相同点	不同点
不等式	无论是等式还是不等式，都可以在它的两边加(或减)同一个数或式子。	对于不等式来说，在两边乘(或除以)同一个正数，不等号的方向不变，而在不等式的两边乘(或除以)同一个负数，不等号的方向要改变。
等式		在等式的两边乘(或除以)同一个正数(或同一个负数)，等式仍然成立。

第九章

函数与图像——量与量之间的联系

1

函数被称为数学中的魔鬼?

在数学中，函数通常被定义为两个集合之间的对应关系，其中一个集合被称为函数的定义域，另一个集合被称为函数的值域。函数是一种特殊的映射，它将定义域中的每个元素映射到值域中的唯一元素。这种映射关系通常用符号$f(x) = y$表示，其中x属于定义域，y属于值域，f表示映射关系。

函数具有单调性、奇偶性、周期性等性质，在数据分析和应用中发挥着重要作用。

看一眼必须背会的知识点

认识常量与变量

常量的概念：一般地，在一个变化过程中，数值保持不变的量称为常量。常量通常是个已知数值，例如 π。

函数的常量通过影响函数图像的位置、形状、变化率、周期、振幅等方面来描述和决定函数的性质和行为。在函数表达式中，常量通常以字母的形式表示，例如 A，B，C 等。例如，对于函数 $f(x) = A+x$，其中 A 就是一个常量，它表示函数图像在 y 轴上的截距，而 x 是自变量，表示函数图像在 x 轴上的位置。

常量在函数中的作用非常重要，它们可以帮助我们更好地理解和描述函数的行为。需要注意的是，常量并不是所有函数都必须具有的元素。有些函数可能只包含自变量和因变量，而没有明显的常量元素。

变量的概念：在一个变化过程中，数值发生变化的量称为变量。这些变量可以是自变量、因变量或中间变量，它们在函数计算过程中起着至关重要的作用。

自变量：在一定取值范围内（定义域）随意取值的变量。在函数表达式中，自变量通常表示为 x，y，z 等字母。自变量的取值范围决定了函数的定义域，即函数可以接受的输入值的范围。

因变量：是自变量取值后根据函数法则得到的变量。在函数表达式中，因变量通常表示为 $f(x)$，$g(x)$ 等形式，其中 f 和 g 表示函数关系。因变量的值取决于自变量的取值和函数关系，它描述了自变量和因变量之间的映射关系。

在函数内部定义的变量通常只在函数内部有效，被称为局部变量。它们的作用域仅限于函数内部，这有助于保持函数的独立性和封装性，避免变量之间的冲突和干扰。

总之，函数的变量是函数计算过程中不可或缺的元素，它们描述了函数的输入、输出和计算过程，并帮助我们更好地理解和应用数学知识。

看一眼就记得住的知识点

函数与函数值的概念

函数与函数值的概念：一般地，在一个变化过程中，如果有两个变量 x 与 y，并且对于 x 的每一个确定值，y 都有唯一确定的值与其对应，那么就说 x 是自变量，y 是 x 的函数。如果当 $x=a$ 时 $y=b$，那么 b 就是当自变量的值为 a 时的函数值。

函数的分类（根据性质）：

常数函数：无论输入是什么，输出都保持不变的函数。

幂函数：形如 $y=x^n$ 的函数，其中 n 为实数。

指数函数：形如 $y=a^x$ 的函数，其中 $a>0$ 且 $a\neq1$。

对数函数：形如 $y=\log a^x$ 的函数，其中 $a>0$ 且 $a\neq1$。

三角函数：如正弦函数、余弦函数、正切函数等。

看一眼必须收藏的知识点

函数的表示方法

方法一：函数图像法

定义：用图像表示函数关系的方法叫作函数图像法。

优缺点：能够直观看出函数呈现的性质，但函数图像是近似的，具有局限性，从图像上得到的结果也是近似的。

方法二：列表法

定义：把自变量 x 和函数 y 的对应值列成表来表示函数的关系的方法叫作列表法。

优缺点：列表法能看出自变量与函数的对应值，但不能看出自变量与函数之间的对应规律。

方法三：解析式法

定义：用含有自变量的代数式表示函数的方法叫作解析式法。

优缺点：容易分析函数的性质，但有些函数关系不能使用解析式法表示。

看一眼就懂的数学常识

表 9-1 函数的图像常识

概念	一般地，对于一个函数，如果把自变量与函数的每对对应值分别作为点的横、纵坐标，那么坐标平面内由这些点组成的图形就是这个函数的图像。
画图步骤	第一步，列表。找出自变量的值和对应函数的值。 第二步，描点。在直角坐标系中，以自变量的值作为横轴，对应的函数值作为纵轴，描出表格中数值对应的各点。 第三步，连线。按照横坐标由小到大的顺序，依次把各点用平滑曲线连接起来。

2

一次函数

看一眼就记得住的知识点

正比例函数的概念与性质

概念：一般地，形如 $y=kx$（k 是常数，$k \neq 0$）的函数叫作正比例函数，其中 k 叫作比例系数。例如 $y=8x$，$y=\dfrac{1}{2}x$，$y=-3x$ 等都是正比例函数。

正比例函数 $y=kx$（k 是常数，$k \neq 0$）的图像是经过原点 $(0,0)$ 的一条直线，一般称为直线 $y=kx$。

正比例函数的图像及性质：

（1）当 $y=kx$，$k>0$ 时，直线过第一、第三象限；y 随 x 的增大而增大。

（2）当 $y=kx$，$k<0$ 时，直线过第二、第四象限；y 随 x 的增大而减小。

（3）自变量 x 的取值范围是全体实数。

（4）正比例函数 $y=kx$ 中，$|k|$ 越大，直线 $y=kx$ 越接近 y 轴；$|k|$ 越小，直线 $y=kx$ 越接近 x 轴。

看一眼必须背会的知识点

一次函数的概念与性质

概念：一般地，形如 $y=kx+b$（k，b 是常数，$k \neq 0$）的函数叫作一次函数。当 $b=0$ 时，$y=kx+b$ 即 $y=kx$，因此可以说正比例函数是特殊的一次函数，但是一次函数不一定是正比例函数。

一次函数的图像与性质：

当 $y=kx+b$，$k > 0$ 时，b 的取值有三种情况，且 y 随 x 的增大而增大。

$b > 0$ 时，图像经过第一、二、三象限；$b=0$ 时，图像经过第一、三象限；$b < 0$ 时，图像经过第一、三、四象限。

当 $y=kx+b$，$k < 0$ 时，b 的取值有三种情况，且 y 随 x 的增大而减小。

$b > 0$ 时，图像经过第一、二、四象限；$b=0$ 时，图像经过第二、四象限；$b < 0$ 时，图像经过第二、三、四象限。

待定系数法的概念与步骤

概念：一般地，设出函数解析式，再根据条件确定解析式中未知数的系数并得出函数解析式的方法叫作待定系数法。

步骤：

第一步，设出含有待定系数的函数解析式 $y=kx+b$。

第二步，把两个已知条件（自变量与函数的对应值）代入解析式中，得出关于系数 k，b 的二元一次方程组。

第三步，解出二元一次方程组，求待定系数 k，b。

第四步，把解出的待定系数值代入解析式中。

看一眼就懂的数学常识

表 9-2 一次函数图像平移

概念	一次函数 $y=kx+b$（$k \neq 0$）的图像是过点（0，b）且和直线 $y=kx$ 重合或平行的一条直线。直线 $y=kx+b$ 可以由直线 $y=kx$ 向上（下）平移 b 个单位长度得到（当 $b>0$ 时，向上平移；当 $b<0$ 时，向下平移）。

3

二次函数

二次函数的概念与性质

概念：一般地，形如 $y=ax^2+bx+c$（a，b，c 是常数，$a \neq 0$）的函数叫作二次函数。其中，x 是自变量，a，b，c 分别是函数解析式的二次项系数、一次项系数和常数项。

判断一个函数是否是二次函数时，首先要把这个函数化简为一般形式，然后根据二次函数的形式进行对比，只有形式完全一样才是二次函数。比如 $y=6x$，这种形式就不是二次函数，虽然是最简形式，但它是一次函数，并不具备二次函数的特征。

235

看一眼就记得住的知识点

二次函数的表达方式

一般形式：任何二次函数的解析式都可以化成 $y=ax^2+bx+c$ （a，b，c 是常数，$a \neq 0$）的形式，因此，把 $y=ax^2+bx+c$ （a，b，c 是常数，$a \neq 0$）叫作二次函数的一般形式。

顶点式：从 $y=a(x-h)^2+k(a \neq 0)$ 中可以直接看出抛物线的顶点坐标，因此把 $y=a(x-h)^2+k(a \neq 0)$ 叫作二次函数的顶点式。

当 $h=0$ 时，抛物线的顶点坐标为（0，k），顶点位于 y 轴上。

当 $k=0$ 时，抛物线的顶点坐标为（h，0），顶点位于 x 轴上。

当 $h=0$，$k=0$ 时，抛物线的顶点坐标为（0，0），顶点位于原点。

交点式：从 $y=a(x-x_1)(x-x_2)(a \neq 0)$ 中可以直接看出抛物线与 x 轴的两个交点坐标（x_1，0），（x_2，0），所以通常把 $y=a(x-x_1)(x-x_2)$ $(a \neq 0)$ 叫作二次函数的交点式。

看一眼必须收藏的知识点

二次函数的解析式

设一般式：$y=ax^2+bx+c(a \neq 0)$，若已知条件是图像上的三个点，则设所求二次函数为 $y=ax^2+bx+c(a \neq 0)$，将已知条件代入解析式，得到关于 a，b，c 的三元一次方程组，解方程组求出 a，b，c 的值，即可得到解析式。

设顶点式：$y=a(x-h)^2+k(a\neq0)$，若已知二次函数图像的顶点坐标或对称轴方程与最大值（或最小值），则设所求二次函数为 $y=a(x-h)^2+k(a\neq0)$，将已知条件代入，求出待定系数，最后将解析式化为一般形式。

设交点式：$y=a(x-x_1)(x-x_2)(a\neq0)$，若已知二次函数图像与 x 轴的两个交点坐标 $(x_1,0)$，$(x_2,0)$，则设所求二次函数为 $y=a(x-x_1)(x-x_2)(a\neq0)$，将第三个点的坐标 (m,n)（其中 m，n 为已知数）或其他已知条件代入，求出待定系数 a，最后将解析式化简为一般形式。

看一眼就懂的数学常识

表9-3 函数抛物线常识

定义	二次函数的图像是一条关于某条直线对称的曲线，这条曲线叫作抛物线，该直线叫作抛物线的对称轴，对称轴与抛物线的交点叫作抛物线的顶点。
公式	$y=ax^2+bx+c=a\left(x+\dfrac{b}{2a}\right)^2+\dfrac{4ac-b^2}{4a}$
顶点坐标	$\left(-\dfrac{b}{2a},\dfrac{4ac-b^2}{4a}\right)$
对称轴	直线 $x=-\dfrac{b}{2a}$
配方法	运用配方法把抛物线的解析式化为：$y=a(x-h)^2+k$ 的形式，得到顶点坐标为 (h,k)，对称轴是直线 $x=h$。

4

反比例函数

反比例函数的概念

概念：一般地，形如 $y=\dfrac{k}{x}$（k 为常数，$k \neq 0$）的函数叫作反比例函数，其中 x 是自变量，y 是函数值。自变量 x 的取值范围是不等于 0 的一切实数。

当函数条件符合 $y=\dfrac{k}{x}$，$y=kx^{-1}$，$xy=k$（k 是常数，$k \neq 0$）三种形式，就是反比例函数。

在 $y=\dfrac{k}{x}$ 中，自变量 x 是分式 $\dfrac{k}{x}$ 的分母，当 $x=0$ 时，分式没有意义，即 $x \neq 0$。

反比例函数的图像与性质

双曲线的概念：反比例函数图形由两条曲线组成，叫作双曲线，它的分支分别位于第一、三象限或第二、四象限，它们关于原点对称。

绘制双曲线的步骤：

第一步，列表。自变量的取值应以 0 为中心，向两边分别取三对互为相反数的数。

第二步，描点。先描出一侧，另一侧可根据中心对称的性质找出来。

第三步，连线。按照从左到右的顺序连接各点并延伸。

注意：双曲线的两个分支是断开的，延伸部分有逐渐靠近坐标轴的趋势，但永远不会与坐标轴相交。

反比例函数：$y=\dfrac{k}{x}$（k 为常数，$k \neq 0$）

当 $k>0$ 时，双曲线的两支分别位于第一、三象限，在每一个象限内，y 随着 x 的增大而减小。

当 $k<0$ 时，双曲线的两支分别位于第二、四象限，在每一个象限内，y 随着 x 的增大而增大。

对称性：反比例函数的图形既是轴对称图形，又是中心对称图形，其对称轴为直线 $y=x$ 或 $y=-x$，对称中心为原点。

看一眼就记得住的知识点

求反比例函数解析式步骤

第一步，设：设所求反比例函数的解析式为 $y=\dfrac{k}{x}\,(k\neq 0)$。

第二步，代：把已知条件中对应的 x，y 的值代入 $y=\dfrac{k}{x}$ 中，得到关于 k 的方程。

第三步，解：解出关于 k 的方程并得出 k 的值。

第四步，定：把 k 的值代入 $y=\dfrac{k}{x}$ 中，得到函数的解析式。

看一眼就懂的数学常识

表 9-4 反比例函数的应用常识

常见的基本关系	行程类：路程＝时间×速度。 工程类：工作量＝工作时间×工作效率。 等积类：变形前后物体的体积（或质量）不变。 图形类：根据不同图形的特征，结合规则图形的周长、面积、体积等公式解题。
解决实际问题的步骤	审：审题，找出常量与变量之间的关系。 设：根据常量与变量之间的关系，设出函数的解析式，待定系数用字母表示。 列：由题目中已知的条件列出方程，求出待定系数。 写：写出函数的解析式，注意解析式中自变量的取值范围。 解：用函数解析式解决实际问题。

240

5

锐角三角函数

锐角三角函数的概念

在 Rt$\triangle ABC$ 中，$\angle C = 90°$。

锐角 A 的对边与斜边的比叫作 $\angle A$ 的正弦，记作 $\sin A$，即

$$\sin A = \frac{\angle A \text{ 的对边}}{\text{斜边}} = \frac{a}{c}。$$

$\angle A$ 的邻边与斜边的比叫作 $\angle A$ 的余弦，记作 $\cos A$，即

$$\cos A = \frac{\angle A \text{ 的邻边}}{\text{斜边}} = \frac{b}{c}。$$

$\angle A$ 的对边与邻边的比叫作 $\angle A$ 的正切，记作 $\tan A$，即

$$\tan A = \frac{\angle A \text{ 的对边}}{\text{邻边}} = \frac{a}{b}。$$

$\angle A$ 的正弦、余弦、正切都是 $\angle A$ 的锐角三角函数。

三角函数之间的关系：

互为余角的三角函数之间的关系：若∠A+∠B=90°，则 $\sin A=\cos B$ 或 $\sin B=\cos A$。

同角的三角函数之间的关系：$\sin^2 A+\cos^2 A=1$；$\tan A=\dfrac{\sin A}{\cos A}$。

锐角三角函数值的增加性：

锐角的正弦值随着角度的增大而增大，锐角的余弦值随着角度的增大而减小，锐角的正切值随着角度的增大而增大。

看一眼必须收藏的知识点

视角在解直角三角形中的应用

俯角和仰角：

在视线与水平线所成的角中，视线在水平线下方叫作俯角，视线在水平线上方叫作仰角。

方向角：

目标方向线与正北或者正南这两条基准线所成的夹角，一般取锐角。在找方向角时，要选准原点，在说方向角时要先说"南"或者"北"，后说"东"或"西"。

坡度与坡角：

坡面的垂直高度 h 和水平宽度 l 的比叫作坡度，又称为坡比，用 i 表示，$i=\tan\alpha=\dfrac{h}{l}$，其中坡面与水平面的夹角 α 叫作坡角。

解直角三角形的概念与依据

概念：一般地，在直角三角形中，除了直角外，共有五个元素，即三条边和两个锐角。由直角三角形中的已知元素，求出其余未知元素的过程叫作解直角三角形。

在直角三角形 ABC 中，$\angle C$ 为直角，$\angle A$，$\angle B$，$\angle C$ 所对的边分别为 a，b，c，那么除了直角 $\angle C$ 外的五个元素之间关系如下：

三条边之间的关系：$a^2+b^2=c^2$（勾股定理）。

两个锐角之间的关系：$\angle A+\angle B=90°$。

边角之间的关系：

$\sin A=\dfrac{\angle A \text{ 的对边}}{\text{斜边}}=\dfrac{a}{c}$，$\sin B=\dfrac{\angle B \text{ 的对边}}{\text{斜边}}=\dfrac{b}{c}$。

$\cos A=\dfrac{\angle B \text{ 的对边}}{\text{斜边}}=\dfrac{b}{c}$，$\cos B=\dfrac{\angle A \text{ 的对边}}{\text{斜边}}=\dfrac{a}{c}$。

$\tan A=\dfrac{\angle A \text{ 的对边}}{\angle B \text{ 的对边}}=\dfrac{a}{b}$，$\tan B=\dfrac{\angle B \text{ 的对边}}{\angle A \text{ 的对边}}=\dfrac{b}{a}$。

看一眼就懂的数学常识

表 9-5 特殊锐角的三角函数值

名称	30°	45°	60°
$\sin A$	$\dfrac{1}{2}$	$\dfrac{\sqrt{2}}{2}$	$\dfrac{\sqrt{3}}{2}$
$\cos A$	$\dfrac{\sqrt{3}}{2}$	$\dfrac{\sqrt{2}}{2}$	$\dfrac{1}{2}$
$\tan A$	$\dfrac{\sqrt{3}}{3}$	1	$\sqrt{3}$

第十章

奇妙的数据——统计与概率的应用

1 统计与调查
——数据的收集整理秘方

　　"请喜欢打篮球这项运动的同学举手！"某班同学在做体育兴趣项目调查时直接扯着嗓子喊，这样固然能够收到一定成效，但要说到准确就谈不上了。那么，应该采用什么样的调查方式可以更准确快速地得到答案？通常，我们最常用的收集数据的方式就是制作调查问卷。在进行调查活动时，全面调查、抽样调查、简单随机抽样调查的概念与作用都不相同，因此，我们需要了解各类调查方式的概念与特点，这样才能在遇到数据统计问题时选择最合适的调查方式进行数据收集整理。

看一眼就记得住的知识点

全面调查的概念

　　数据的收集主要有直接收集和间接收集两个方式，常用的方法就是统计调查。

全面调查的概念：考察全体对象的调查叫作全面调查。

全面调查通常用在调查对象较少的时候，比如调查某个班级的全体同学喜欢吃什么水果，这个时候可以使用全面调查。这种方式收集到的数据是最全面、准确的，但是有个缺点，全面调查花费的时间长。如果想要调查全省的学生喜欢吃什么水果，这样的超大数据使用全面调查就非常困难，因为全省的学生包括了从幼儿园到大学等阶段的所有学生，涉及人数多，这个时候就不适合使用全面调查的方法。

难道全面调查就一定不能使用在调查大数据方面吗？答案是否定的。比如我们国家在进行全国人口普查的时候就会使用全面调查，因为全面调查这种方式最全面准确，并且具有特殊意义。

看一眼必须收藏的知识点

抽样调查的概念

抽样调查的概念：只抽取一部分对象进行调查，然后根据调查数据推断全体对象的情况的调查叫作抽样调查。

抽样调查可以理解为抽取样品调查。比如调查某所高中全体女生最喜欢的三种食物，但是在短时间内不能完成调查任务，这个时候就可以选择抽样调查，从高一至高三年级段抽取部分女生作为代表来进行调查并做好数据记录。

抽样调查最大的优点就是省时间，但是收集的数据只能作为大

概率的参考数据，因为抽样调查的数据不全面，由抽样对象的情况推断全体对象的情况要根据实际问题去判断该抽样的样品是否具有代表性。

比如调查某校初中男生喜欢的运动项目，抽样调查时如果只选取初一年级的男生来进行调查或者只选取初三年级的男生来调查，这种抽样调查的样品不具备代表性。因为"某校初中男生"包括了初中三个年级的男生，只选某一年级的男生，数据不够全面。

选择抽样调查的方法时，要先看调查对象的个数有多少，如果较多，调查不容易进行，这时就可以考虑使用抽样调查。如果调查的对象个数少，调查容易开展，那就选择全面调查。

看一眼必须背会的知识点

简单随机抽样的概念

简单随机抽样的概念：在抽取样本的过程中，总体中的每一个个体都有相等的概率被抽到，像这样的抽样方法就是简单随机抽样。

简单随机抽样的特点：

样本总体的个数是有限的，一般用 N 表示总数个数。

简单随机抽取的样本数量 n 小于样本总体个数 N。

简单随机抽样是从总体中逐个抽取的。

简单随机抽样的方法分为重复抽样和不重复抽样。重复抽样就是把抽中的样品再次放回总体，这样被抽中的样品有可能会被重复抽中，反之，不重复抽样就是抽中后的样品不再放回去。

常见的简单随机抽样方法有抽签、直接抽选、随机数表等。

看一眼就懂的数学常识

表 10-1 数据的收集与整理常识

主要方式	直接收集和间接收集。
常用方法	全面调查和抽样调查（即统计调查）。
数据收集方法	问卷调查、现场实地调查、网络媒体调查等。
数据整理方法	表格整理数据或者绘图整理数据。

2 三差四数

——分析数据的常用公式

　　一个店铺想要分析上个月的销售数据，常用的方法离不开"三差四数"。这里的"三差"指方差、极差和标准差，"四数"指平均数、加权平均数、中位数和众数。分析并计算某店铺上个月每天的平均营业额，其实就是计算平均数，而分析店铺营业额的数据波动大小就是计算方差。

　　数据在生活中无处不在，生活中也离不开各种各样的数据。学会运用分析数据的常用公式是一项非常重要的数学实践技能。

看一眼就记得住的知识点

平均数、加权平均数、中位数与众数

　　（1）平均数的概念：把一组数据的总和除以这组数据的个数，得到的商就是这组数据的平均数，用 $\bar{x}$ 来表示平均数。

　　平均数的公式：$\bar{x} = \dfrac{x_1 + x_2 + \cdots + x_n}{n}$

例如，求初三某班同学的语文平均分，应该把全班同学的语文成绩相加得到总和，再用总和除以这个班级的总人数，得到的数据就是平均数，即这个班级同学的语文平均分。

（2）加权平均数概念：一般地，若 n 个数 x_1，x_2，x_3，$\cdots$，x_n 的权分别是 w_1，w_2，w_3，$\cdots$，w_n，则 $\dfrac{x_1w_1+x_2w_2+\cdots+x_nw_n}{w_1+w_2+\cdots+w_n}$ 叫作这 n 个数的加权平均数。

加权平均数中的"权"表示某个数据在整组数据中的重要程度，"权"也可以理解为权重。各数值出现的次数对其在平均数中的影响起权衡轻重的作用，所以也叫权数。

加权平均数的作用：当某组数据中各个数据的"权"不同，也就是重要程度不同时，加权平均数可以更好地反映这组数据的平均水平。

（3）中位数：将一组数据按照由小到大（或由大到小）的顺序排列，如果数据的个数是奇数，则处于中间位置的数就是这组数据的中位数；如果数据的个数是偶数，则中间两个数据的平均数就是这组数据的中位数。

（4）众数：在一组数据中出现次数最多的数据被称为这组数据的众数。

关于众数，可以把"众"理解为"众多"。比如，在数据组 16，30，18，34，67，30，11，30，43，30，30 中，"30" 这个数据出现的次数最多，所以这组数据的众数是30。

方差、极差与标准差

方差的概念：设一组数据中有 n 个数据 x_1，x_2，x_3，$\cdots$，x_n，各数据与它们的平均数 $\overline{x}$ 的差的平方分别是 $(x_1-\overline{x})^2$，$(x_2-\overline{x})^2$，$(x_n-\overline{x})^2$，我们用这些值的平均数来衡量这组数据波动的大小，并把它称为这组数据的方差，记作 S^2。

方差公式：$S^2 = \dfrac{1}{n} \left[(x_1-\overline{x})^2 + (x_2-\overline{x})^2 + \cdots + (x_n-\overline{x})^2 \right]$。

数据波动的程度：方差越大，数据的波动越大，稳定性越小；方差越小，数据的波动越小，稳定性越好。

极差：一组数据中的最大数据与最小数据的差叫作这组数据的极差。即极差 = 最大值 − 最小值。

极差其实是反映这组数据的变化范围。极差越大，平均数对这组数据的代表性越小；极差越小，平均数对这组数据的代表性就越大。

标准差：方差的算术平方根叫作这组数据的标准差，用"S"表示，公式为：

$$S = \sqrt{S^2} = \sqrt{\dfrac{1}{n}\left[(x_1-\overline{x})^2 + (x_2-\overline{x})^2 + \cdots + (x_n-\overline{x})^2 \right]}$$

看一眼就懂的数学常识

表10-2 总体、个体、样本与样本容量常识

名称	概念
总体	把要考察的全体对象称为总体。
个体	把组成总体的每一个考察对象称为个体。
样本	从总体中被抽取的那些个体组成一个样本。
样本容量	一个样本中包含的个体的数目称为样本容量。 注意：样本容量不能带单位。

3 统计图
——处理数据的大帮手

　　统计图就是利用点、线、面、体等元素绘制几何图形来表示各种数量之间的关系及变化趋势的工具图，它也是各种表现统计数据大小和变动情况的图表的总称。最常用的统计图有条形图、扇形图、折线图、直方图等。

　　统计图最大的优点就是简单明了，通俗易懂并且一目了然。认识统计图并学会绘制统计图是一项重要的数据分析处理技能。

看一眼必须收藏的知识点

条形统计图

　　概念：用一种单位长度表示一定的数量，根据数量的多少画成长短不同的直条形，这些直条形各组的宽度必须统一，且按照一定顺序排列，这种统计图叫作条形统计图，简称条形图。

　　优缺点：可以直观地看出各组数据是多少，便于比较或数据应用。但是条形图不能看出各数据在总体数据中的占比。

分类：条形统计图分为单式条形图和复式条形图。单式条形图只表述一种项目的数据，复式条形图可以表示多个项目的数据。

条形图的基本要素：组数、组宽度、组限。

组数就是把总体数据分为几组。组宽度指的是每组的条形图宽度是一致的。通常，组数和组宽度有一个经验标准，即近似组宽度 $= \dfrac{\text{最大值} - \text{最小值}}{\text{组数}}$，根据四舍五入确定近似组宽度。组限主要指该组数据中的最大可能数据和最小可能数据。

注意：绘制条形图时，各组条形图之间是有空隙的。条形图主要用于表示离散型的数据，比如计数数据。

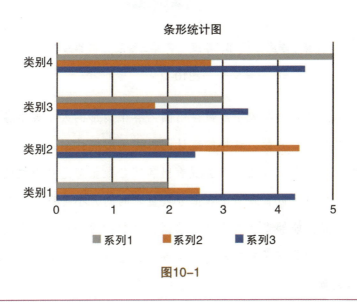

图10-1

扇形统计图

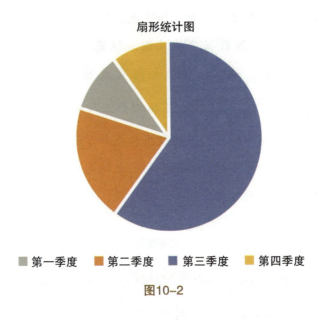

扇形统计图

■ 第一季度　■ 第二季度　■ 第三季度　■ 第四季度

图10-2

概念：用整个圆表示总数，用圆内各个扇形的大小表示各部分数量占总数的百分数，这样的统计图叫作扇形统计图。

作用：扇形统计图可以直观看出各部分数量与总数量之间的占比关系，并且可以直观看出各部分数量之间的大小关系。

优缺点：能够直观看出每组数据占总数的百分比和每个扇形部分的大小，但是在不知道总数的条件下，扇形的每组数据也不能得出具体数量。

换算公式：圆心角的度数＝百分比×360°。

注意：扇形面积越大，圆心角的度数越大；扇形面积越小，圆心角的度数越小。

绘图步骤：

第一步，根据资料计算出绘图需要的数据，比如部分占总体的百分数等数据。

第二步，根据数据计算出各部分扇形的圆心角度数。

第三步，可以使用量角器依次按圆心角的数据把整个圆分成所需的扇形部分。

第四步，写上统计图的标题，标注好各扇形占总体的百分数。（可以使用虚线、实线或不同的颜色来区分表示扇形各部分）

看一眼必须背会的知识点

折线统计图

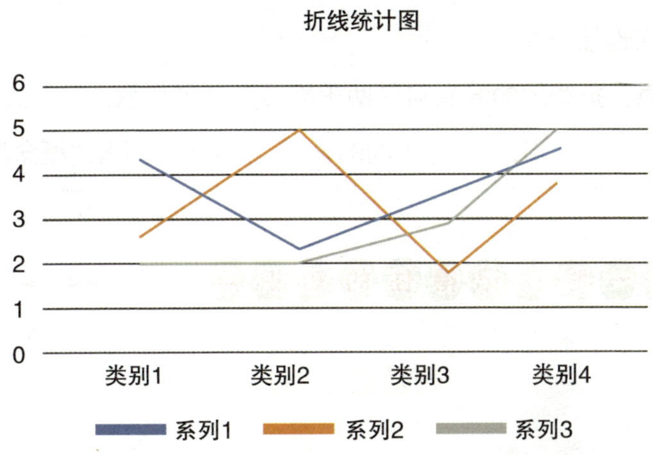

折线统计图

图10-3

概念：用一个单位长度表示一定的数据，根据数量的多少描出各点并用线段顺次连接各点，以折线的上升或下降来表示统计数量的增减变化，这样的统计图就叫作折线统计图。

分类：

（1）单线折线图和多线折线图。单线折线图只表述一种项目的数据，多线折线图可以表示多个项目的数据。

（2）动态折线图、依存关系折线图、次数分布折线图。

优点：可以标出具体的数据，并且能够清楚地反映数据的增减变化及变化趋势。

绘图步骤：

第一步，整理资料中的数据。

第二步，绘制坐标图，先画横轴再画纵轴，横、纵坐标必须带单位。

第三步，根据整理的数据，在坐标中描出代表数据的各点并用线段顺次连接各点。

注意：折线图的绘制需借助于平面直角坐标系，但折线图与函数图像有本质区别，两者是不同的领域，不能混淆两者的概念与作用。

看一眼就记得住的知识点

频数分布直方图

直方图的概念：用高度不同的纵向条纹或线段表示数据的分布情况，一般用横坐标表示数据的类型，纵坐标表示数据分布的情况，这种统计图叫作直方图（质量分布图）。直方图是一种特殊的条形图，是一种表示资料数据变化情况的主要工具，是一个连续变量的概率分布图。

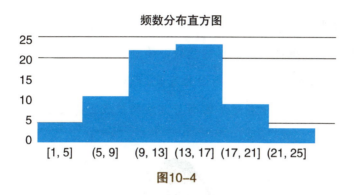

图10-4

频数分布直方图的概念：在统计数据时，按照频数分布表，在平面直角坐标系中，由横轴标出每个组的端点，纵轴表示频数，每个矩形的高代表对应的频数，这样的统计图称为频数分布直方图。

优点：可以直观看出各组频数分布的情况以及各组之间频数的差别。

组数与组距：把所有数据分成若干个组，分成的组的个数就是组数，而每个小组的两个端点之间的距离（每个组两个端点间的差值），即组内数据的取值范围，称为组距。

频数与频率：频数就是某类数据出现的次数，各个对象的频数之和就是数据的总数。频数＝总数据×频率。频率就是频数与总数据的百分比（比值）。频率公式为：频率＝$\dfrac{频数}{总数据}$，各个对象的频率之和等于1。

绘图步骤：

第一步，整理数据，计算数据中的最大值和最小值的差。

第二步，把数据分成若干组，确定组数并做好标记，分组一般在 5 至 12 个之间。

第三步，计算组距的宽度，即用最大值和最小值的差除以组数，求出组宽度。

第四步，统计各组数据的频数，绘制频数分布表。

第五步，作直方图，以组距为底长，频数为高，作各组的矩形图。

注意：分布图中各矩形的高与该组频数成正比关系。

看一眼就懂的数学常识

表 10-3 各统计图的区别识

名称	区别
条形统计图	主要用于比较数据之间的差别，直观显示每组中的具体数据。各组间有空隙。
扇形统计图	用扇形面积表示各部分占总数的百分比是多少。
折线统计图	可以直观看出每组数据的变化趋势或规律。
频数分布直方图	代表频数的矩形之间没有空隙。

4 确定还是随机

——这个"事件"不简单

　　"明天可能会下雨"这句话是必然事件。有的同学可能会疑惑，明天如果不下雨，有可能是晴天、多云还有下雪等情况，为什么说"下雨"这个事件是必然事件呢？"必然"是一定会发生的意思吗？

　　事件中的必然事件是确定性事件，意思就是这件事一定会发生，比如"下雨"是天气预报中会发生的天气事件，就算明天不下雨，后天或者大后天中总有一天是会下雨的，这是既定的事实。

　　关于"事件"的知识需要从概念及分类认真学习，如果对各类事件的概念不清晰，在实际应用中逻辑思维就会受阻碍，甚至审题时会读不懂其中的意思。

"事件"的概念与分类

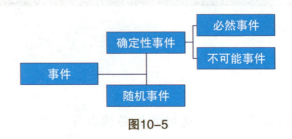

图10-5

事件分为确定性事件和随机事件两种。其中,确定性事件又分为必然事件和不可能事件。

确定性事件的概念:在一定的条件下,必然会发生的事件叫作必然事件;反之,在一定条件下,必然不会发生的事件叫作不可能事件。

比如,"太阳打西边出"是绝对不可能发生的事情,属于不可能事件;而"太阳从东边升起"是每天都一定会发生的事情,属于必然事件。

随机事件的概念:在一定的条件下,可能发生也可能不发生的事件叫作随机事件。随机事件发生的可能性有大有小,不同的随机事件发生的可能性大小可能相同。比如随机事件有抽签、掷骰子等。

随机事件的种类:

互斥事件:互斥事件也叫作互不相容事件,也就是互相排斥的事件。比如事件 A 和事件 B 不能同时发生，只能有一种事件发生，并且事件 A 和事件 B 没有公共的点，即事件 A 和事件 B 的交集是空的。如 $A \cap B$ 为不可能事件，则记作 $A \cap B = \varnothing$。

举例：文具盒里有 1 支铅笔、2 支钢笔、3 支彩笔，现在从文具盒里任意抽取一支笔，记事件 A 为抽到铅笔，记事件 B 为抽到彩笔，但是这两个事件不可能同时发生，因为抽取的那支笔不可能既是铅笔又是彩笔，只能是其中一种类型的笔。所以事件 A 和事件 B 是互斥事件。

对立事件：互相对立且必定会发生一种的事件叫作对立事件。若 $A \cap B$ 为不可能事件，$A \cup B$ 为必然事件，那么事件 A 与事件 B 互为对立事件。即事件 A 和事件 B 不能同时发生，但是必定会发生其中一个事件。最常见的就是抛硬币，如果把正面朝上记作事件 A，反面朝上记作事件 B，两个事件中有且只能发生一个事件，所以说事件 A 和事件 B 属于对立事件。

差事件：由事件 A 出现而事件 B 不出现所组成的事件称为事件 A 与 B 的差事件，记作 $A-B$。

事件的五种关系：包含、相等、互斥、对立、相互独立。

看一眼就懂的数学常识

表 10-4 互斥事件与对立事件的区别与联系

名称	表达方法	概率公式	联系	区别
互斥事件	如 $A \cap B$ 为不可能事件，则记作 $A \cap B = \varnothing$，称事件 A 和事件 B 互斥。	概率加法公式：$P(A+B)$ $=P(A)+P(B)$	互斥事件不一定是对立事件，但如果只有两个互斥事件，且必须发生一个时，它们同时是对立事件。	在一次试验下出现的不同事件。
对立事件	若 $A \cup B = S$，$A \cap B = \varnothing$，称事件 A 与事件 B 为对立事件。	概率公式：$P(A)+P(B)=1$	对立事件其实是一种特殊的互斥事件。对立事件只能是两个事件之间，并且有且只有一个事件发生。	两次或多次不同试验下出现的不同事件。

5

概率当"裁判"

——这场游戏公平吗?

　　概率是度量偶然事件发生的可能性的数值。最早推算出"概率"的人是16世纪著名的数学家意大利人卡尔达诺,当时是为了解决两个问题,即掷骰子和比赛奖金分配的问题。

　　为什么说概率是游戏中的"裁判"角色?主要原因在于,一场游戏是否公平取决于双方输赢的概率是否相等,如果不相等,那么这个游戏就是不公平的。想要让这场游戏变得公平就得改变游戏的规则,也就是改变双方输赢的概率问题。

看一眼就记得住的知识点

概率的定义与计算

　　概率的定义:一般地,对于一个随机事件 A,我们把反映其发生可能性大小的数值称为随机事件 A 发生的概率,记作 $P(A)$。

　　概率的计算:一般地,如果在一次试验中,有 n 种可能的结果,

并且它们发生的可能性都相等，事件 A 包含其中的 m 种结果，那么事件 A 发生的概率 $P(A) = \dfrac{m}{n}$。

概率的取值范围：在 $P(A) =$ 中，由 m 和 n 的含义可知，$0 \le m \le n$，即 $0 \le \dfrac{m}{n} \le 1$，所以 $0 \le P(A) \le 1$。当事件 A 是必然事件时，$P(A) = 1$；当事件 A 是不可能事件时，$P(A) = 0$。

事件发生的可能性越大，它的概率越接近 1；反之，事件发生的可能性越小，它的概率就越接近 0。

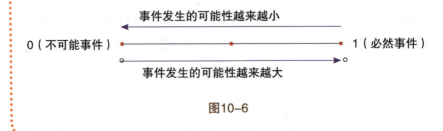

图10-6

看一眼必须收藏的知识点

列举法和列表法求概率

什么是列举法？

在一次试验中，如果可能出现的结果只有有限个，且各种结果出现的可能性大小相等，我们就可以通过列举试验结果的方法来求出随机事件发生的概率，这种方法就叫作列举法。

列举法一般有三个步骤：第一步是列举出一次试验中所有可能

266

的结果，第二步是求出这次试验中的 m 和 n 值，第三步是需要代入概率公式：$P(A)=\dfrac{m}{n}$。

列表法的概念：当一次试验中要涉及两个因素，并且可能出现的结果数目较多时，采用表格的形式遵循"不重不漏"原则列出所有可能的结果，这种方法就叫作列表法。

列表法的步骤：第一步，把所有可能的结果用表格列出来，不重不漏且按规律填入表格。第二步，把所求的事件发生的可能结果都找出来。第三步，代入概率计算公式：

$$P(A)=\dfrac{所求事件所有可能出现的结果数}{所有可能出现的结果数}$$

看一眼必须背会的知识点

树状图法求概率

树状图法的概念：当一次试验中要涉及 3 个或更多的因素时，为了补充列表法不够清晰的缺点，为了能不重不漏地列出所有可能的结果，通常就采用树状图法来求事件发生的概率。

树状图的优点：适用面广，层次清晰，一目了然。

绘制树状图的步骤：第一步，把所有可能发生的结果用树状图画出来。第二步，把所求的事件可能发生的结果都找出来。第三步，代入概率计算公式：

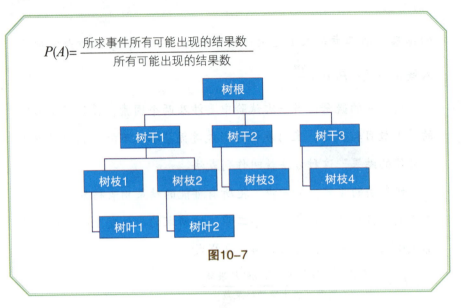

$$P(A)=\dfrac{\text{所求事件所有可能出现的结果数}}{\text{所有可能出现的结果数}}$$

图10-7

看一眼就懂的数学常识

表10-5 概率与频率的区别与联系常识

名称	区别	联系
概率	与试验次数的变化和试验的时间、地点、人物均无关。	试验次数越多，频率越趋向于概率。
频率	与试验次数的变化和试验的时间、地点、人物均有关。	

第十一章

位置与坐标——生活中的平面直角坐标系

1

确定位置的小技巧

　　小A和小B相约去逛街，两人计划在中心街相遇。小A到达地点后，迟迟不见小B来，于是小A打电话问小B在哪里。

　　此时，小B说："我在中心街啊，我也等你半天啦。"

　　小A："你具体说一下在哪个位置？"

　　小B："我在一朵云下面，旁边有棵树。"

　　小A抬头看向满天的云朵，又看向路边两排绿化树，很是无语。

　　其实像这样不能确定位置的事情在我们的生活中比比皆是，这个时候确定位置就成为重要的事情。我们去看电影，电影票上已经标注好座位号，我们只需要按照上面的数字去找位置。比如，电影票上标明7号影厅6排3号，我们首先要找的是影厅的位置，其次才能找到我们的座位号，如果找错影厅，也许你坐的就是别人的位置。

认识有序数对

为什么确定位置至少需要两个数据？比如影厅里的几排几座，如果只确定一个数据 7 号，那是找不到位置的，因为不确定在几排位置，而每一排都有 7 号座位。

有同学问，像东风路 76 号这样的数据，只有一个确定值，该怎么办呢？其实"东风路"也是一个数据，你到东风路再找 76 号就可以确定位置，所以这也是两个已知的数据。

在同一个教室中，想要确定每个同学的位置，我们也可以像电影院的座位号一样标注位置。比如，请第 2 排第 6 位同学回答问题，写位置的时候可以记作 (2，6)，前面的 2 表示排数，后面的 6 表示座位序号。一般地，用含有两个数的词表示一个确定的位置，两个数各自表示不同含义，我们把这种有顺序的数 a 和 b 组成的数对叫作有序数对，记作 (a，b)。

生活中或者学习上，我们可以利用有序数对准确地表达一个位置。

试一试：用有序数对的方式组合文字。

	1	2	3	4	5
1	今	花	吃	太	歌
2	很	我	喜	上	美
3	唱	天	篮	不	怕
4	的	学	阳	菜	常
5	真	欢	想	球	热

看一眼 SHUXUE
就记得住的数学趣谈

要求：请用以下序列顺序组成一句话。

① (1，1)(3，2)(4，1)(1，4)(4，3)(2，1)(5，5)

② (2，2)(5，1)(4，1)(2，1)(2，3)(5，2)(3，3)(5，4)

③ (2，2)(3，4)(5，3)(3，1)(1，5)

答案：

①今天的太阳很热。

②我真的很喜欢篮球。

③我不想唱歌。

看一眼就懂的数学常识

表 11-1 有序数对常识

概念	一般地，用含有两个数的词表示一个确定的位置，两个数各自表示不同含义，我们把这种有顺序的数 a 和 b 组成的数对叫作有序数对。
表达方式	记作 $(a，b)$。
注意	有序数对中，$(a，b)$ 和 $(b，a)$ 分别是两组不同的数据。
例题	用5和6组成的有序数对可以写成（D） A. (5，6)　　　　　B. (6，5) C. 5，6或6，5　　D. (5，6)或(6，5)
错误写法	以下都是有序数对的错误写法。 ① (5，6)　② (5 6)　③ 5，6

272

2 认识平面直角坐标系

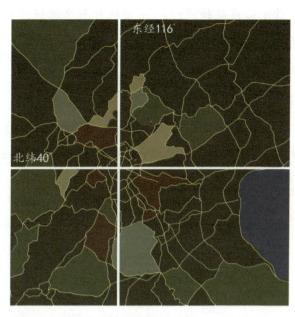

图11-1

　　如图11-1所示，请写出北京的位置。图片上已经标出经纬线，我们可以很清楚地写出北京的坐标位置是东经116°，北纬40°。这种利用经纬线确定位置的方法类似于在坐标系中确定位置，接下来我们就认识一下什么是坐标系。

看一眼就记得住的知识点

平面直角坐标系的概念与分类

一般地，我们把在同一个平面上互相垂直且有公共原点的两条数轴构成的平面直角坐标系，简称直角坐标系。

如下图所示，两条数轴分别在水平与垂直的位置，两条数轴分别取向右与向上的方向为正方向。水平的数轴叫作 x 轴或横轴，垂直的数轴叫作 y 轴或纵轴，x 轴、y 轴统称为坐标轴，它们的公共原点 O 称为直角坐标系的原点。

平面直角坐标系的分类：

（1）直角坐标系

直角坐标系是我们最常用的坐标系之一，它的每个点都可以用一个有序数对 (x, y) 来表示，其中 x 轴表示横坐标，y 轴表示纵坐标。如图 11-2。

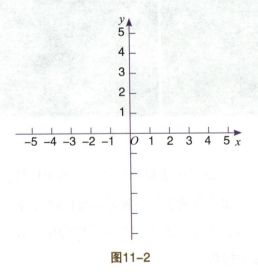

图11-2

（2）极坐标系

极坐标系由一个原点 O 和一条射线组成。我们通常把原点 O 称为极点，射线称为极轴。在极坐标系中，每个点都可用一个有序数对 (r, θ) 来表示。其中，r 表示点到极点的距离，θ 表示点和极轴的夹角。极坐标系常被用于描述圆形、螺旋线等具有旋转对称特点的图形。如图 11-3。

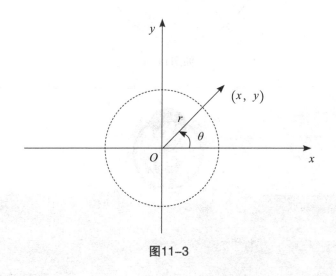

图11-3

（3）球坐标系

球坐标系我们不常用，主要是一种三维坐标系，用于描述空间中点的位置，比如三维空间中的球体、天体运动等方面。如图 11-4，它由一个原点 O 和三条互相垂直的射线组成，这三条射线分别是极轴、经度线和纬度线。每个点可以用一个有序数 (r, θ, φ) 表示，其中 r 表示点到极点的距离，θ 表示纬度线上的投影和经度线的夹角。

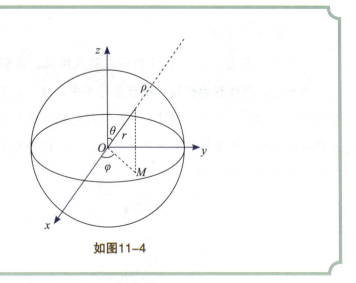

如图11-4

看一眼就懂的数学常识

表11-2 坐标系分类

分类	表达方式	有关人物
直角坐标系	原点O，有序数对(x, y)	法国数学家笛卡尔是直角坐标系的奠基人之一。
极坐标系	原点/极点O，有序数对(r, θ)	牛顿是第一个用极坐标来确定平面上点的位置的人。
球坐标系	原点O，有序数(r, θ, φ)	/

3

这些点的位置很特殊

学习有序数对的时候，我们知道(3，4)和(-3，4)代表两个不同的数据。在平面直角坐标系中，这两个数据分别在第一象限和第二象限，但是数值很像，这其中有没有规律呢？

在各象限里的点有其特殊的位置关系，即规律。(3，4)代表这个点到横坐标的距离是3，到纵坐标的距离是4。而(-3，4)代表这个点到横坐标的距离是$|-3|$，也就是距离为3，到纵坐标的距离是4。这样看来，两个点到横纵坐标的距离都是一样的。唯一不同的是它们的象限。

从(3，4)和(-3，4)两个数据可以看到，y轴上的数字是相同的，即关于y轴对称的点，它们的纵坐标相同，横坐标互为相反数。

千万不能用字面意思去理解"象限"。比如很多网友会开玩笑地问一句："云南是不是可以骑大象出门啊？"看到"象限"很多人还以为是类似车辆限号那样有骑大象出门的专属限号，这不是一回事哦。这里的"象限"是数学中的名词，并且象限的创立人是我们熟知的法国数学家笛卡尔，此外，笛卡尔还创建了平面直角坐标系（也称笛卡尔坐标系）。

看一眼就记得住的知识点

平面直角坐标系的象限

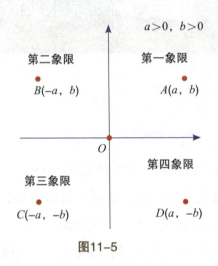

$a>0,\ b>0$

第二象限
$B(-a,\ b)$

第一象限
$A(a,\ b)$

O

第四象限

第三象限
$C(-a,\ -b)$

$D(a,\ -b)$

图11-5

如图所示，象限有四个区域，是横轴和纵轴划分出来的，每一个区域叫作一个象限。一般地，我们把右上的称为第一象限，左上的称为第二象限，左下称为第三象限，右下称为第四象限。

注意：原点 O 和坐标轴上的点不属于任何象限。

看一眼必须收藏的知识点

特殊点的坐标位置分类

（1）平行于坐标轴的直线上点的坐标特点

平行于 x 轴（或横轴）的直线上的点的位置中，纵坐标相同。

278

平行于 y 轴（或纵轴）的直线上的点的位置中，横坐标相同。

（2）各象限的角平分线上点的坐标特点

第一、三象限中的角平分线上点的横纵坐标相同。

第二、四象限中的角平分线上点的横纵坐标相反。

（3）与坐标轴、原点对称的点的坐标特点

关于 x 轴对称的点的横坐标相同，纵坐标互为相反数。

关于 y 轴对称的点的纵坐标相同，横坐标互为相反数。

关于原点对称的点的横坐标、纵坐标都互为相反数。

看一眼就懂的数学常识

表 11-3 点的特殊坐标位置

坐标轴上的点 $p(x, y)$	原点 $(0, 0)$ x 轴 $(x, 0)$ y 轴 $(0, y)$
直线平行于坐标轴的点	平行于 x 轴：纵坐标相同，横坐标不同。 平行于 y 轴：横坐标相同，纵坐标不同。
各象限中的点 $p(x, y)$	第一象限：$x>0$, $y>0$ 第二象限：$x<0$, $y>0$ 第三象限：$x<0$, $y<0$ 第四象限：$x>0$, $y<0$
各象限角平分线上的点	一、三象限中：(m, m) 二、四象限中：$(m, -m)$

4

关于坐标轴对称这件事

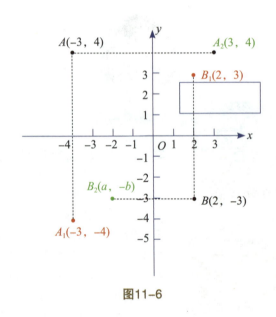

图11-6

观察图11-6中的点的规律，点$A(-3，4)$和点$A_1(-3，-4)$，横坐标上的数值-3是相同的，4和-4互为相反数。同理，点$B(2，-3)$与点$B_1(2，3)$也是横坐标上的数值2相同，纵坐标上的3和-3互为相反数。

这些点都具有平行于坐标轴直线上点的坐标特点，即平行于x轴

（或横轴）的直线上的点的位置中，纵坐标相同，平行于y轴（或纵轴）的直线上的点的位置中，横坐标相同。

如图11-6所示，横纵坐标轴中的点也具有对称性。

看一眼必须收藏的知识点

坐标轴对称的运用

（1）试题：$A(2m+3n，-2)$ 与 $B(8，2m+4n)$ 关于原点对称，求 $m+n$ 的值。

答题思路："关于原点对称"这个信息告诉我们，关于原点对称的点的横坐标、纵坐标都互为相反数，所以由题意得 $2m+3n=-8$，$2m+4n=2$，解得 $m=-19$，$n=10$，因此 $m+n=-19+10=-9$。

（2）试题：已知点 $A(m+2n，1)$，$B(-2，2m-n)$。

①若点 A，B 关于 x 轴对称，求 m，n 的值。

②若点 A，B 关于 y 轴对称，求 $m+n$ 的值。

解题思路：首先要牢记，关于谁对称，谁就保持不变。第一个问题中，关于 x 轴对称，所以 x 轴上的数值不变，y 轴上的数值互为相反数。即 $m+2n=-2$，$-(2m-n)=1$，解得 $m=-\dfrac{4}{5}$，$n=-\dfrac{3}{5}$。同理，第二个问题中，关于 y 轴对称，所以 y 轴上的数值不变，x 轴上的

数值互为相反数。即 $1=2m-n$，$m+2n=2$，解得 $m=\dfrac{4}{5}$，$n=\dfrac{3}{5}$，所以 $m+n=\dfrac{7}{5}$。

在解答关于坐标轴中对称点的问题时，只需要牢记关于轴线对称的定理法则。如果不太能理解这类题型，可以先从简单的题目入手，除了解答题之外，还会有填空题或选择题的形式出现。复杂一些的就是解答题，因为不仅需要代入定理法则，还需要正确计算数值，虽然增加了难度，多做题熟练题型，其实解答题也很容易解决。

看一眼就懂的数学常识

表11-4 坐标点的对称探究

已知点	$A(3, 6)$	$B(-5, 8)$	$C(-4, -3)$	$D(2, -1)$	$E(9, -7)$	$F(-10, 14)$
关于x轴对称	$A(3, -6)$	$B(-5, -8)$	$C(-4, 3)$	$D(2, 1)$	$E(9, 7)$	$F(-10, -14)$
关于y轴对称	$A(-3, 6)$	$B(5, 8)$	$C(4, -3)$	$D(-2, -1)$	$E(-9, -7)$	$F(10, 14)$
关于原点对称	$A(-3, -6)$	$B(5, -8)$	$C(4, 3)$	$D(-2, 1)$	$E(-9, 7)$	$F(10, -14)$

5

点到坐标轴的距离

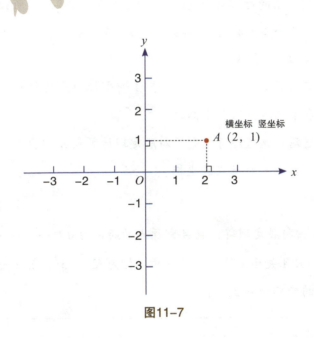

图11-7

　　一般地，点到x轴的距离等于其纵坐标的绝对值；点到y轴的距离
等于其横坐标的绝对值。如图11-7所示，已知A(2，1)，点A到x轴的距
离是1，到y轴的距离是2。常见题型有，求点到坐标轴的距离、求点到
坐标原点的距离、判断点的位置等。计算时可以利用勾股定理或三角
函数计算点到原点的距离，再根据坐标轴的位置关系确定点到坐标轴
的距离。

点到坐标轴的距离

试题一：求点 $P(-3, 4)$ 到 x 轴和 y 轴的距离。

解题思路：根据定义，点到 x 轴的距离等于纵坐标的绝对值，即 $|4|$；点到 y 轴的距离等于横坐标的绝对值，即 $|-3|$。所以，点 P 到 x 轴的距离为 $|4| = 4$，到 y 轴的距离为 $|-3| = 3$。

故答案为：4 和 3。

试题二：已知点 $A(2, 3)$，求点 A 到坐标原点的距离以及点 A 关于 x 轴和 y 轴对称的点坐标。

解题思路：这道题可以利用勾股定理计算点 A 到原点的距离；根据对称性质确定对称点的坐标。

解：

（1）由勾股定理得，点 A 到原点的距离为 $\sqrt{2^2+3^2}=\sqrt{13}$。

（2）点 A 关于 x 轴对称的点的坐标为 $(2, -3)$；点 A 关于 y 轴对称的点的坐标为 $(-2, 3)$。

在平面直角坐标系下，我们经常需要求两点之间的距离。例如，在地图上，我们想知道两个城市之间的直线距离。同样地，在平面几何中，我们也需要计算两点之间的距离。那么，如何计算两点之间的距离呢？这就是我们下面要学习的内容。

看一眼就记得住的知识点

两点间的距离公式

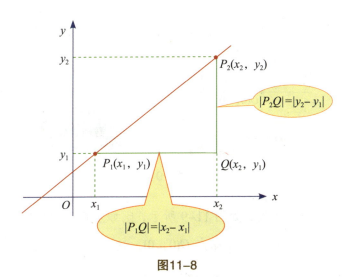

图11-8

设 $P_1(x_1,\ y_1)$ 和 $P_2(x_2,\ y_2)$ 为平面内任意两点，我们可以用向量来表示这两点之间的距离。向量 $\overrightarrow{P_1P_2}$ 的模就是点 P_1 和点 P_2 之间的距离，记作 $|P_1P_2|$。

根据向量的模的定义可得 $|P_1P_2| = \sqrt{(x_1-x_2)^2 + (y_1-y_2)^2}$。

这就是两点间的距离公式。通过这个公式，我们可以方便地计算出任意两点之间的距离。

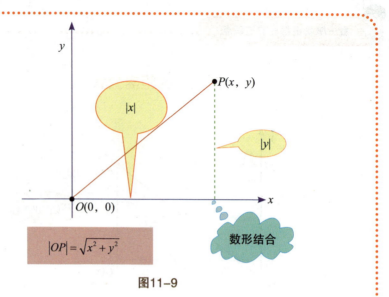

图11-9

有一种特殊情况，如图11-9所示，比如坐标系中已知两个点，但其中一个点是原点，即原点 $O(0，0)$，这种情况下，我们要计算出点 $O(0，0)$ 到点 $P(x，y)$ 的距离时，公式如下：$|OP| = \sqrt{x^2 + y^2}$。

试题一：求点 $A(2，-5)$ 和点 $B(5，-1)$ 之间的距离。

解：根据两点间的距离公式可得：

$$|AB| = \sqrt{(2-5)^2 + [-5-(-1)]^2}$$

解得：$|AB| = \sqrt{25} = 5$。

所以点 A 和点 B 之间的距离为5。

试题二：求点 $B(1，5)$ 与点 $D(6，17)$ 之间的距离。

解：根据两点间的距离公式可得：

$$|BD| = \sqrt{(1-6)^2 + (5-17)^2}。$$

解得：$|BD| = \sqrt{169} = 13$。

所以点B和点D之间的距离为13。

在平面直角坐标系中，已知下列共线各点：$A(1，1)$，$B(3，4)$，$C(5，7)$，计算每两点间的距离。通过观察这些点的坐标，我们可以发现它们之间的关系。例如，B是AC的中点，这意味着B的坐标是A和C的坐标的平均值。通过这个规律，我们可以快速找到线段的中点坐标。

看一眼就懂的数学常识

表11-5 两点间的距离公式

两点	两点间距离公式
$P_1(x_1，y_1)$和$P_2(x_2，y_2)$	$|P_1P_2| = \sqrt{(x_1 - x_2)^2 + (y_1 - y_2)^2}$
$O(0，0)$和$P(x，y)$	$|OP| = \sqrt{x^2 + y^2}$

6

坐标系中的面积计算

　　规则图形的面积可用几何图形的面积公式求解；对于不规则图形的面积，通常可采用补形法或分割法将不规则图形的面积转化为规则图形的面积和或差求解。求几何图形的面积时，底和高往往通过计算某些点的横坐标之差的绝对值或纵坐标之差的绝对值去实现。

看一眼就记得住的知识点

坐标系中求图形面积的方法

　　第一种方法：直接求出图形的面积。

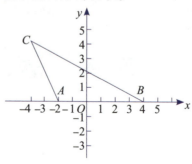

图11-10

如图 11-10，已知 $A(-2, 0)$，$B(4, 0)$，$C(-4, 4)$，求 $\triangle ABC$ 的面积。

解：因为 C 点的坐标为 $(-4, 4)$，所以 $\triangle ABC$ 的 AB 边上的高为 4。因为点 A，B 的坐标分别为 $(-2, 0)$，$(4, 0)$，所以 $AB = 6$。知道了 $\triangle ABC$ 的底和高，面积可以直接算出，即

$$S_{\triangle ABC} = \frac{1}{2} \times 6 \times 4 = 12。$$

第二种方法：利用补形法求图形的面积。

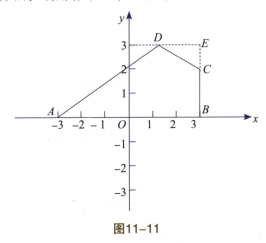

图11-11

已知在四边形 $ABCD$ 中，$A(-3, 0)$，$B(3, 0)$，$C(3, 2)$，$D(1, 3)$，画出图形，求四边形 $ABCD$ 的面积。

解：如图 11-11，过 D 点作 DE 垂直于 BC，交 BC 的延长线于点 E，则四边形 $DABE$ 为直角梯形。又由题意知 $DE=2$，$AB=6$，$BE=3$，$EC=1$，所以 $S_{四边形 ABCD}=S_{梯形 DABE}-S_{\triangle CDE}$，即

$$S_{四边形 ABCD} = \frac{1}{2} \times (2+6) \times 3 - \frac{1}{2} \times 1 \times 2 = 11。$$

第三种方法：利用分割法求图形的面积。

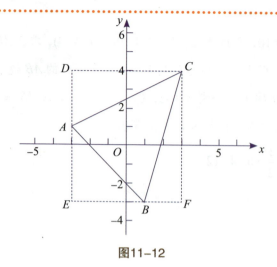

图11-12

如图11-12，已知点 $A(-3，1)$，$B(1，-3)$，$C(3，4)$，求三角形 ABC 的面积。

解：如图，作长方形 $CDEF$，由题意得，$S_{\triangle ABC}=S_{长方形CDEF}-S_{\triangle CDA}-S_{\triangle ABE}-S_{\triangle BCF}$

即 $CD \cdot DE-\dfrac{1}{2}AD \cdot CD-\dfrac{1}{2}AE \cdot BE-\dfrac{1}{2}BF \cdot CF$，代入数据得，

$6×7-\dfrac{1}{2}×3×6-\dfrac{1}{2}×4×4-\dfrac{1}{2}×2×7=18$。

第四种方法：利用垂线法求不规则图形面积。

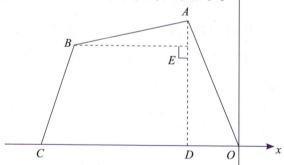

图11-13

如图 11-13 所示的平面直角坐标系中，四边形 $OABC$ 各顶点的坐标分别是 $O(0,0)$，$A(-4,10)$，$B(-12,8)$，$C(-14,0)$，求四边形 $OABC$ 的面积。

解：如图，过 A 点作 $AD \perp x$ 轴，垂足为点 D，过 B 点作 $BE \perp AD$，垂足为点 E，易知 $OD=4$，$AD=10$，$DE=8$，$BE=-4-(-12)=8$，$AE=10-8=2$，$CD=-4-(-14)=10$，所以 $S_{四边形\ OABC}=S_{\triangle AOD}+S_{\triangle ABE}+S_{梯形\ DEBC}$，代入数据得，$\frac{1}{2} OD \cdot AD + \frac{1}{2} AE \cdot BE + \frac{1}{2}(BE+CD) \cdot DE = \frac{1}{2} \times 4 \times 10 + \frac{1}{2} \times 2 \times 8 + \frac{1}{2} \times (8+10) \times 8 = 100$。

看一眼必须收藏的知识点

坐标系中图形面积的分类

（1）**平面面积**：坐标系中平面的面积可以通过其法向量和平面上任意一点的坐标来计算。公式是：$S=|$法向量·（平面上的点－原点）$|$，其中"·"表示乘，"$|\ |$"表示向量的模。

（2）**多边形面积**：多边形的面积可以通过其顶点的坐标来计算。常用的公式是：$S=(1/2) \times |(x_1 \times y_2 - x_2 \times y_1) + (x_2 \times y_3 - x_3 \times y_2) + \cdots + (x_n \times y_1 - x_1 \times y_n)|$，其中 n 是多边形的顶点数，(x_1, y_1)，(x_2, y_2)，$\cdots$，(x_n, y_n) 是多边形的顶点坐标。

（3）**圆形面积**：圆的面积可以通过其半径 r 和圆心在原点的坐标来计算。公式是：$S=\pi r^2$。

（4）椭圆面积：椭圆的面积可以通过其长轴 a、短轴 b 和圆心在原点的坐标来计算。公式是：$S=\pi \cdot a \cdot b$。

综上所述，我们可以看到在坐标系中计算各种形状的面积是有规律的，可以根据形状的特点选择合适的公式进行计算。掌握这些公式，对于我们理解和解决数学问题是非常有帮助的。

看一眼就懂的数学常识

表11-6 坐标系中求图形面积的方法

方法种类	直接求出图形的面积。 利用补形法求图形的面积。 利用分割法求图形的面积。 利用垂线法求不规则图形面积。
图形面积分类与公式	平面面积：$S=\|$法向量 $\cdot$ （平面上的点 − 原点）$\|$ 多边形面积：$S=(1/2)\times\|(x_1\times y_2-x_2\times y_1)+(x_2\times y_3-x_3\times y_2)+\cdots+(x_n\times y_1-x_1\times y_n)\|$ 圆形面积：$S=\pi r^2$。 椭圆面积：$S=\pi \cdot a \cdot b$。